Le biberon numérique

Stéphane Blocquaux

LE BIBERON NUMÉRIQUE

ARTÈGE

Édition originale

ISBN : 978-2-9570098-0-0

Éditions Artège
10, rue Mercœur - 75011 Paris
9, espace Méditerranée - 66000 Perpignan

www.editionsartege.fr.

ISBN : 979-10-336-1053-3
EAN Epub : 9791033610984

À Lucie, Justin, Louis, Martin et Jade.

Bienvenue chez les natifs du numérique !

« Un regard d'enfant enregistre vite.
Plus tard, il développe l'épreuve ! »

Portraits-Souvenir, Jean Cocteau, 1935

Je me vois encore assis dans cette salle d'attente. Face à moi, deux enfants de moins de 10 ans, silencieux, manipulant calmement mais avec précision et détermination la petite manette des toutes premières consoles de jeux à double écran. Entre dans la pièce un monsieur d'un certain âge, voire d'un « âge certain ». Passées plusieurs minutes de silence, le vieil homme hésite, puis interpelle l'un d'entre eux : « Vous jouez ensemble ? » Pas un bruit, pas une réaction. Les deux gamins poursuivent leur activité, imperturbables. Quelques secondes plus tard, le plus jeune daigne quitter quelques instants du regard sa machine, pour lancer dans un soupir exaspéré : « Évidemment qu'on joue ensemble… On est en réseau ! »

La *fracture numérique*, celle dont on parlait déjà depuis plusieurs années, m'est alors apparue comme flagrante, presque brutale. Elle n'était plus seulement économique, entre ceux qui possèdent les moyens financiers de se doter de ces nouveaux jouets et puis les autres, moins fortunés. Elle est devenue *générationnelle.* Car dans les représentations traditionnelles de ce senior, deux enfants qui jouent ensemble, cela « fait du bruit », surtout lorsqu'ils poussent de petites voitures sur le tapis de la salle d'attente. Des enfants, ça parle, ça se dispute, ça rigole – bref, « ça joue ensemble ». Et c'est pourtant bien de cela qu'il s'agit : jouer ensemble, mais désormais par l'entremise d'une interface numérique. Tout comme « avant » (avant le numérique), ces enfants-là manipulent eux aussi de petites voitures. Mais ce sont celles de leurs jeux vidéo, celles d'engins virtuels composés de pixels. Tout comme avant, ils interagissent ensemble et se disputent la victoire. Mais les différends se règlent souvent en silence, à grands coups de ces « champignons piégés » qui fusent de leurs petits bolides numériques ! Rien de bien différent, me direz-vous ? Si ce n'est peut-être qu'ils jouent désormais essentiellement avec des *non-choses.* De petites voitures certes, mais dématérialisées, ou plutôt dont la matérialisation en tant qu'objet dépend directement d'un autre objet, d'un contenant, d'une de ces interfaces numériques qui donnent vie à ces avatars impalpables.

J'appartiens à la génération X, celle du « *baby bust* », le trou d'air démographique qui succède à la folie du « baby-boom ». J'ai donc vu naître la génération « Y » qui marque l'avènement des fameux « *digital natives* », puis celle des « Z » empreinte des premières problématiques des réseaux numériques. Il convient de souligner que les chercheurs ont eu la mauvaise idée d'utiliser notre alphabet un peu trop sur sa fin. Un scientifique australien[1] propose désormais (très astucieusement) d'exploiter l'alphabet grec et surnomme les « petits nouveaux », ces enfants nés après 2010, les « alphas ». Il y a fort à parier qu'il faudra bientôt « sauter une lettre » dans ce classement arbitraire et sectorisé, pour ne pas froisser la susceptibilité de la génération suivante[2]...

Un « avant », mais avant quoi ?

Nous vivons une longue période de transition. Les parents (et bien entendu leurs grands-parents) des enfants de ces générations alphabétiquement labélisées ont le plus souvent connu un « avant le numérique ». Un slogan qu'ils brandissent tel un étendard à leur progéniture qui s'ennuie, dès lors qu'elle est privée de son précieux smartphone : « Mais comment faisait-on, nous, avant ? » Autant dire que la formule sonne creux, surtout aux oreilles d'un « alpha ». Mais, avant quoi ? Avant le numérique ? Et les seniors décalés renchérissent en rappelant un temps – récent, selon eux – où les appareils photos avaient encore douze poses et une petite molette pour faire avancer la pellicule. Sauf que c'est un peu comme si l'on demandait à ces enfants de

1. « Contrairement aux Z, qui sont nés avec le numérique, les alphas naissent dans le numérique » indique Mark McCrindle, chercheur australien en sciences sociales.
2. La génération « bêta » (si l'on s'en tient à l'alphabet grec ☺).

se remémorer l'époque où les hommes vivaient dans des grottes, en mangeant de la viande de mammouth...

Depuis, j'ai entendu bien des adultes prononcer cette expression aux intonations fatalistes : « De toute façon, c'est déjà fichu, ils sont déjà tous biberonnés au numérique ! » Il est vrai que ces écrans interactifs et ludiques ne les quittent plus, et ce dès le plus jeune âge. Depuis, les psychiatres veillent au grain et martèlent des slogans chocs : « Pas d'écran avant 3 ans[3] ! » Pourtant, de la console portable au *smartphone*, ces outils semblent s'imposer comme les compagnons privilégiés de tous les moments libres des jeunes. Y compris ces moments réservés jadis à des instants où l'ennui avait encore un sens, une petite place dans nos vies : voyages en voiture, salles d'attente, « temps calmes » (permettant le repos tant mérité des parents) ou encore durant ces (toujours trop) longs repas de famille.

Alors réjouissez-vous ! Nous sommes les témoins privilégiés d'une époque formidable, un moment rare où évoluent encore ensemble des *adultes nés analogiques* aux côtés d'*enfants nés numériques*. Des parents, des grands-parents, ceux d'avant l'avènement de ces produits digitaux nomades. Des adultes dont l'enfance résonne encore des longues et chaleureuses parties de Lego ou de Monopoly. Eux qui manipulaient des « choses », de « vrais » jouets comme ils savent le dire, dans un râle nostalgique. Ces choses que l'on pouvait encore toucher, bricoler, malmener et casser. Des jouets « bien réels », qui permettaient des

3. TISSERON Serge, *3-6-9-12, Apprivoiser les écrans et grandir,* ÉRÈS, « 1001 et + », Toulouse, 2013.

parties inoubliables, fraternelles, avec de « vrais » amis. Non, non, trois fois non, décidément, rien à voir avec tous ces « trucs et avatars virtuels », qui placent inexorablement les enfants devant des écrans !

Et pourtant, fascinant paradoxe, ce sont ces mêmes parents (vous, peut-être ?) qui ont suréquipé leurs foyers de ces écrans interactifs et connectés, en seulement deux décennies. Et puis, une fois les dispositifs massivement déployés dans les familles, une fois les usages des enfants établis et bien ancrés, les problèmes apparaissent, chaque jour plus nombreux. Et les parents s'affolent en alignant des questions qui pourraient presque ressembler à des « brèves de comptoir », si le sujet n'était pas si grave. Mais où placer les limites ? À quel âge peut-on avoir raisonnablement accès au net ? 3-6-9-12 ans ? Jamais ? Et tous ces contenus choquants que l'on peut trouver si facilement sur internet, pourquoi ne les interdit-on pas aux enfants ? D'ailleurs, quel scandale que les jeux violents et la pornographie soient si faciles d'accès pour les mineurs, vous ne trouvez pas ? Mais enfin, qu'attendent les autorités publiques pour contrôler les accès et sanctionner les éditeurs et les fournisseurs ? On devrait tout de même pouvoir agir pour « stopper tout ça » ? Et le système éducatif, c'est à lui de protéger nos enfants, non ?

Cet ouvrage se veut le reflet de mes dernières années de réflexions et d'investigations sur le terrain, soit plus d'une décennie passée à tenter de prendre la mesure scientifique de ce phénomène devenu, avec le temps, un véritable « fait de société » : celui de *l'enfance hyperconnectée*, de la *surexposition juvénile aux écrans interactifs.*

Parents, grands-parents, éducateurs, vous tous que j'ai parfois nommés dans mes conférences (toujours avec amitié ☺) *les migrants du numérique*, cet ouvrage se propose de vous aider à partir à la (re)découverte de l'univers fascinant des *générations numériques.*

N.D.A.
À l'heure du phénomène de mode du gavage de séries chez les jeunes (le « binge watching *»), j'ai cru bon de vous faciliter la lecture de cet ouvrage en remplaçant les chapitres par des saisons. Alors, bon visionnage !*

SAISON I

Et si les naïfs du numérique n'étaient pas ceux que l'on croit[4] ?

« Internet est le produit d'une combinaison unique de stratégie militaire, de coopération scientifique et d'innovation contestataire. »

Manuel CASTELLS
La Société en réseau

4. BLOCQUAUX Stéphane, « Et si les "naïfs numériques" n'étaient pas ceux que l'on croit ? », in Patrick Cottin éd., *Accompagner les adolescents. Nouvelles pratiques, nouveaux défis pour les professionnels*, Toulouse, ÉRÈS, « L'école des parents », 2018, p. 57-66.

Épisode 1

Internet, la petite histoire d'un *médiaphage*

En ce tout début de propos, je ne souhaitais surtout pas vous infliger une longue et fastidieuse relecture de la genèse d'internet. Alors que, comme le soulignent vos enfants et la plupart de mes chers étudiants, « Wikipédia vous propose la même chose en ligne ! Il n'y a plus qu'à faire un copier-coller. » Il m'a pourtant semblé nécessaire de commencer cette aventure par l'analyse de quelques grands *repères temporels,* ceux d'une histoire dont certains *jalons* me paraissent importants pour éclairer les problématiques traitées par la suite.

Plusieurs objectifs animent cet épisode :

– Revisiter l'avènement de l'invention qui a changé la face du monde (et les modalités éducatives de vos enfants) : internet.

– Situer la période à laquelle les pratiques numériques juvéniles connectées se seraient progressivement imposées comme une nécessité, une sorte d'impératif incontournable dans la parentalité numérique.

– Tenter de rendre accessibles des termes et acronymes techniques importants et parfois rebutants (surtout si l'informatique n'est pas votre tasse de thé).

– Proposer quelques analyses plus personnelles des faits historiques et des technologies évoqués.

Dans un esprit de synthèse, nous ne retiendrons que six grands mouvements.

Jalon 1 : 1959-1968 – ARPA, l'ancêtre militaire

Les faits

Au milieu des années 1960, en pleine guerre froide, les avancées technologiques soviétiques inquiètent les autorités américaines. L'armée américaine se penche alors sur un projet visant à répartir des données confidentielles sur plusieurs machines reliées entre elles. Il s'agissait, à terme, de disposer d'un réseau fiable pour établir un échange rapide d'informations à caractère militaire. Ne jamais « couper » le flux informationnel, se connecter avec toutes sortes de machines disponibles quels que soient leurs constructeurs et leurs origines : telles sont les grandes lignes du cahier des charges initial de ce que l'on pourrait presque qualifier de « projet d'arme de communication ».

L'analyse

Peut-être pouvons-nous d'emblée déceler un début de réponse à la traditionnelle question que se posent certains parents, souvent anxieux face à certains débordements de l'outil sous sa forme actuelle : « Mais ne pourrions-nous pas tout simplement "couper" ou "mieux verrouiller" cette satanée invention ? » Pas si simple, surtout lorsque l'on prend en compte les éléments de sa genèse militaire tels que présentés ci-dessus. Ce qui était censé être à l'origine une innovante arme de télécommunication au service de l'armée deviendra progressivement un média. De ses troublantes origines guerrières, internet aura donc, selon moi, hérité surtout de sa faculté première : celle de n'être que *très difficilement totalement « déconnectable »*. En témoignent les difficultés pour le faire taire, même dans des pays où sévissent les plus féroces dictatures.

Jalon 2 : 1969-1982 – ARPANET, ou la promesse d'un réseau scientifique

Les faits

Le 29 octobre 1969 à 22 h 30, Charley Kline, un programmeur de l'université de Californie (UCLA), tente d'envoyer le premier message électronique par le réseau informatique ARPANET. Il n'y a pourtant qu'un mot à transmettre : « login ». Les lettres « l » et « o » arriveront à destination… mais le système s'interrompt, déjà victime d'un bogue. L'Advanced Research Projects Agency Network (dont ARPANET est le sigle) se voulait un réseau destiné aux centres de recherches avancées et aux universités américaines, souvent considéré comme « l'ancêtre d'internet ». Ses deux pionniers de l'informatique (Robert Taylor et Ivan Sutherland) ont dès lors une vision futuriste des télécommunications en imaginant le *premier réseau décentralisé*. L'idée était que ce réseau puisse fonctionner indépendamment de l'emplacement de l'ordinateur ou des systèmes utilisés et, surtout, qu'il soit accessible même aux néophytes en informatique (vous ?). Il faudra attendre 1973 pour que le concept finisse par franchir l'Atlantique et que le réseau commence à être adopté en Europe.

L'analyse

Un simple mot transmis par un réseau… et déjà le premier bogue informatique ! Cette célèbre anecdote ferait sourire n'importe lequel de nos adolescents, eux qui envoient parfois une soixantaine de SMS par jour. Pourtant ARPANET demeure un symbole et ce à plus d'un titre. Il évoque d'une part la fin des communications d'un point à un autre, comme le proposaient nos standards téléphoniques d'antan (le célèbre sketch du « 22 à Asnières » de Fernand Raynaud) et l'avènement du transfert de nos données par « paquets » sur des réseaux plus ou moins sécurisés. D'autre part, il témoigne d'une époque où la communication numérique était encore réservée à un monde d'informaticiens, bien loin des actuels navigateurs du World Wide Web (Firefox, Chrome, etc.) accessibles à tout un chacun.

Jalon 3 : 1983 – L'adoption du TCP/IP comme langage planétaire

Les faits

Depuis ses débuts, le réseau ARPANET s'appuyait sur un protocole de communication appelée « Network Control Program » (NCP). Le 1er janvier 1983, NCP fut définitivement déclaré obsolète et abandonné sur le réseau ARPANET, qui bascula l'ensemble de ses protocoles de communications sur le fameux TCP/IP[1]. L'adresse IP était née. Une adresse unique attribuée à chaque ordinateur cartographié sur internet. Dans l'absolu, il ne peut y avoir en même temps sur internet deux ordinateurs ayant la même adresse IP. Le cyberespace planétaire se dote de règles informatiques communes (via le protocole IP) permettant de s'adresser directement à un ordinateur donné.

L'analyse

Un beau jour, l'homme frappa très certainement deux silex l'un contre l'autre et « inventa » le feu. Plus tard, les habitants de l'ancienne Mésopotamie donnèrent naissance à la roue (sans imaginer que l'homme moderne serait friand de… trottinettes). Rares sont ces grandes inventions qui modifient en profondeur le visage de l'humanité. Près de 40 années à côtoyer le monde de l'informatique m'ont convaincu que le TCP/IP fait pleinement partie

1. TCP pour « Transfer Control Protocol ». Ensemble de protocoles de communication destinés à la circulation des données sur l'internet. Ces protocoles permettent la circulation des données sur des réseaux d'ordinateurs interconnectés.

de cette catégorie très sélective des grandes « inventions » susceptibles de modifier en profondeur le visage de notre humanité (au même titre que le feu ou la roue). Dans ce petit bout de protocole informatique réside le symbole de l'adoption d'une norme planétaire permettant aux objets numériques du monde entier de « parler la même langue ». Chaque être humain est unique, chaque ordinateur se connecte désormais avec une adresse IP qui le rend unique (même temporairement). Ce moment de normalisation de notre système de communication planétaire représente une véritable charnière de l'histoire humaine. Ces quelques lignes de code informatique vont participer à la mise en œuvre d'un outil de connexion universel pour l'humanité. Dans la Genèse, alors qu'ils parlent tous la même langue avec les mêmes mots, les êtres humains se lancent à la conquête du ciel pour construire la plus grande tour de l'humanité et approcher leur Créateur. C'est sans compter sur l'intervention divine qui, pour les punir de cet orgueil démesuré, met fin à ce doux rêve d'unité en leur imposant des langues différentes de manière à brouiller les communications humaines et à les disperser sur Terre.

Si l'on se questionne toujours sur sa capacité à véritablement réunir les hommes entre eux, internet aura au moins eu le mérite de réunir techniquement toutes nos machines entre elles. Nous écrivons dans nos langues maternelles et nous ne correspondons donc pas avec le reste de l'humanité aisément (sans un effort d'apprentissage). L'ordinateur par lequel nous échangeons est, quant à lui, en capacité de communiquer avec tous les ordinateurs de la planète via l'internet et son protocole unifié.

Informatiquement parlant, une machine connectée au réseau internet possède une suite de quatre nombres, communément nommée « adresse IP » (par exemple : 80.19.12.70). Car même si vous n'êtes pas un férus d'informatique (c'est le cas ?), il est rare que vous n'ayez jamais entendu parler de cette fameuse « adresse IP ». Elle permet l'identification et la géolocalisation de votre machine, dans une immense « cartographie planétaire de l'internet » en perpétuel mouvement. Enfin, je vous propose la « minute cocorico » ! Car c'est bien un ingénieur français, Louis Pouzin, qui est à l'origine des travaux repris ensuite par les Américains Robert Kahn et Vinton Cerf pour créer le protocole TCP/IP sur lequel fonctionne toujours votre internet. Eh oui, nous aussi avons notre part de responsabilité dans la construction du village planétaire[2].

Jalon 4 : 1986-1991 – L'ère des bâtisseurs d'autoroutes

Les faits

La métaphore des « autoroutes de l'information », forgée par Al Gore – ancien vice-président des États-Unis –, compare la circulation des informations numériques à celle des voitures sur les voies de circulation. Depuis 30 ans, à prix constant, la puissance des processeurs de nos

2. Selon l'expression consacrée par le théoricien canadien Marshall McLuhan, dans son ouvrage culte *The Medium Is the Message* (1967).

ordinateurs et les débits de nos réseaux doublent tous les 18 mois. Il n'y a aucun équivalent industriel dans aucun autre secteur. L'émergence des autoroutes de l'information résulte de la conjugaison de deux facteurs : l'apparition des réseaux à haut débit et le changement d'échelle du nombre de machines interconnectées.

L'analyse

À l'instar de nos voies de circulation qui doivent sans cesse grossir pour laisser place à un nombre de véhicules en constante progression à l'échelle de la planète, le réseau internet se structure progressivement durant cette période, principalement via les investissements des entreprises qui perçoivent le potentiel de l'outil. Alors, comme dans le monde de l'automobile, inexorablement, la course à la « vitesse maximale » débute, pour ne plus jamais cesser. Vous avez connu la 3G, la 4G. Vous vivrez la cinquième ou la sixième génération… Du cuivre à la lumière de la fibre optique, plus vite, toujours plus vite, les tuyaux de l'internet grossissent et se modifient pour tenter d'assurer la liaison et le débit nécessaires. Et il y a peu de chance que cela cesse, au regard de notre *gourmandise communicationnelle.*

Jalon 5 : 1992-2000 – Good bye, M. Minitel !

Les faits

Le Minitel est une invention « franco-française » qui s'est déployée dans les foyers et les entreprises au cours des années 1980 à 2000. On dit souvent du Minitel : « Tout le monde nous l'a envié, mais personne ne nous l'a acheté. » Pourtant, parmi les fortunes issues des messageries roses du Minitel, on retrouve Claude Perdriel (*Le Nouvel Observateur*) ou Xavier Niel (Free, *Le Monde*). À son apogée, notre Minitel national présentera plus de 9 millions de terminaux et d'ordinateurs avec plus du tiers de la population française ayant accès à ses services.

L'analyse

Depuis 1981, notre Minitel national ne connaissait pas de concurrent sérieux, tout au moins aux yeux (et dans le cœur) des Français. En 1997, l'appel de Lionel Jospin[3] sonne alors comme un cri d'alarme : « Il est temps de migrer du Minitel vers l'internet ! » Mais il faudra attendre le 30 juin 2012 pour éradiquer définitivement les tenaces petites boîtes et leur écran monochrome de 9 pouces. C'est la fin d'un symbole, pour qui se souvient encore du visage de François Mitterrand apparaissant à la télévision en 1981 – le jour de son élection –, représenté sous forme de gros pixels, façon Minitel.

Voilà, nous y sommes… les années 1990…

C'est le début des véritables ennuis pour les nouveaux « parents du numérique » : internet s'invite désormais peu à peu dans tous les foyers via ses incontournables « collecteurs de fonds ». Les fournisseurs d'accès à internet (FAI) s'engagent dans la grande bataille concurrentielle, véritable

3. Lionel Jospin prônait, dès la fin des années 1990, une nécessaire migration du Minitel vers internet pour la France.

guerre – technologique – de Cent Ans, du raccordement au réseau pour les particuliers.

En 1996, TF1 lance son portail d'information sur internet (*www.tf1.fr*). L'analyse des propos d'un animateur radio commentant l'événement situe l'époque : « Ce soir, en rentrant chez vous, allumez votre ordinateur, n'oubliez pas les "trois w" et surtout pensez bien à taper le "http" devant l'adresse du site ! » Des propos risibles aujourd'hui, alors que le présentateur du journal télévisé de la chaîne vous lance un laconique : « Et l'information continue sur *tf1.fr.* »

Qui pourrait encore se permettre aujourd'hui de poser la question à son collègue de bureau un matin : « C'est quoi, *tf1.fr* ? » Vous seriez immédiatement soupçonnés d'avoir été « congelés » les dix dernières années. Ce que l'on qualifie désormais de processus d'informatisation sociétale[4] est en route. Il faudra désormais compter avec l'internet, que cela nous plaise ou non.

Jalon 6 : 2001-2004 – La consécration d'un média

Les faits

Paradoxalement, et ce jusqu'en 2001, internet apparaît le plus souvent dans les grandes études sur les médias dans la

4. « L'informatisation de la société désigne le processus de transformation sociale face à la généralisation du traitement automatisé de l'information » : Francine Lalonde et Richard Parent, « Les enjeux sociaux de l'informatisation », *Sociologie et Sociétés*, PUM, Montréal, 1984, p. 59-69.

catégorie du... hors média. Rien d'autre qu'un « truc réservé aux informaticiens », en fait. Mais qu'est-ce qu'un média, d'ailleurs ? La question est bien entendu trop complexe pour être traitée en quelques lignes. Je vous propose cependant de nous en tenir à la définition synthétique du sociologue Patrice Flichy : « Un média trouve sa définition dans l'articulation d'une technique, d'un mode de financement et d'un contenu[5]. » Fort de ces trois composantes, un dispositif pourrait être considéré comme un média.

L'analyse

Alors, internet, média ou pas ? Au-delà des clivages dans la recherche scientifique, il me semblerait délicat de lui refuser cette appellation, car internet semblerait aller « au-delà » de la qualification de média. Je partage par ailleurs les propos de Julien Rosanvallon, directeur des départements TV et internet de Médiamétrie : « Le média internet s'affirme comme un méta-média ; c'est autant un média à part entière qu'une plate-forme vecteur de transformation des usages des autres médias. » Je vous propose même de le qualifier de « médiaphage », au sens où il grignote progressivement le terrain de ses aînés, jusqu'à remettre en question leur existence. *Quid* du papier dans 10 ans ? Quel avenir pour la télévision ? Autant de questions récurrentes face à l'inexorable progression du nombre d'internautes français (+ 40 % en 10 ans).

5. Flichy Patrice, « Industries culturelles », in Sfez Lucien (dir.), *Le dictionnaire de la communication*, PUF, Paris, 1993, tome II, p. 976-980.

Et après ? Vers le règne du tout connecté.

Je vous l'affirme : le barbecue Weber PULSE 1000 de mon ami est... connecté ! Grâce à sa technologie iGrill Bluetooth, il peut surveiller pour vous la température des aliments du début à la fin de la cuisson et la transmettre sur votre *smartphone* en temps réel. Je sais, vous venez de sourire. Et c'est bien légitime, au regard de la futilité de cette fonctionnalité (censée pourtant vous garantir de bien belles grillades). Qui aurait pu prédire, dès 2004, que le trombinoscope universitaire d'un jeune Américain (Marc Zuckerberg, en l'occurrence) dépasserait le milliard d'utilisateurs ? Ou que les « gazouillis » du petit oiseau bleu (de Twitter) passionneraient quotidiennement plusieurs centaines de millions de « suiveurs » ? En 1985, lorsque Jérôme Seydoux et Silvio Berlusconi présentent la première chaîne de télévision nationale privée – La Cinq –, la presse se déchaîne pour dénoncer la dangerosité potentielle du pouvoir médiatique placé dans les mains d'intérêts privés. Vingt ans plus tard, un enfant de 8 ans peut se rendre à l'école avec un *smartphone* et publier sur YouTube et Instagram des contenus, instantanément disponibles et commentés dans le monde entier. Il n'est déjà plus question de médiation, juste « d'immédiateté ». De ses origines militaires à ses lettres de noblesse médiatique, le plus surprenant de tous nos dispositifs de communication a déjà opéré diverses mutations. Une chose est certaine, l'internet n'a pas fini de « déplacer » notre paysage communicationnel planétaire à grande vitesse, pour tout connecter à lui, des humains aux objets.

Parents et professionnels en charge de l'éducation ou de la santé des jeunes publics, le spectre de « l'analphabétisme digital » vous guette, comme pour quiconque ne saura (ou ne voudra) suivre cet inéluctable mouvement progressiste technologique planétaire.

Épisode 2

Visualiser les routes de l'internet

Dématérialisé, virtualisé, scanné, pixélisé… Autant de termes qui renvoient à la disparition « physique » d'un contenu. Dès l'instant où il entre en contact avec la sphère numérique, le contenu semble se dissoudre dans un tiers espace *furtif*, un contenant doté d'une incroyable capacité à se faire oublier comme espace matériel en lui-même. Le « cloud » – ce « nuage de données numériques » au sens informatique du terme –, ne symbolise-t-il pas pour la plupart d'entre nous une zone informelle, déterritorialisée, presque « vaporeuse » (à l'instar d'un véritable nuage gazeux) ? Dans tous les cas, le mystère de sa composition et de ses arcanes semble savamment entretenu par les informaticiens du monde entier. Le fonctionnement technique de l'internet, le réseau des réseaux, demeure souvent fort mystérieux pour le commun des mortels.

Lors de mes conférences publiques dédiées à la parentalité numérique, je présente systématiquement cette problématique :

— Mais que pensez-vous qu'il se passe, sur un plan purement technique, lorsque vous appuyez le soir sur la touche entrée de votre clavier ? Vous savez, lorsque vous validez une adresse pour afficher la page du site web que vous convoitez.

Hormis quelques professionnels du numérique et certains férus d'informatique, la plupart des personnes présentes affichent une moue amusée et marmonnent bien souvent :

— Ben, on s'en balance complètement, nous, du moment que la page demandée s'affiche… et vite si possible !

J'ai même entendu une « maman » chuchoter à sa voisine tout en souriant :

— Quand je fais démarrer ma voiture le matin, je me fiche complètement du principe de fonctionnement de mon moteur, pas toi ?

Pourtant, si l'on prend le temps de s'y intéresser, il n'est pas si complexe que cela de *voir le virtuel*, ou tout au moins de tenter d'en rendre visibles les grands principes de fonctionnement. En effet, à l'instar du désormais familier GPS qui équipe nos véhicules, il est possible en seulement quelques clics de se représenter les « chemins invisibles » qu'empruntent nos ordinateurs pour afficher les informations pour lesquelles on les sollicite. En effet, pour atteindre depuis notre domicile le serveur informatique qui permettra l'affichage des données qui composent la page web que nous demandons, nous traversons impérativement de nombreux « relais numériques ». De petits logiciels utilitaires, souvent simples d'usage (VisualRoute par exemple), représentent instantanément la cartographie et le tracé des fameux « itinéraires » qu'empruntent nos ordinateurs pour rejoindre les serveurs informatiques.

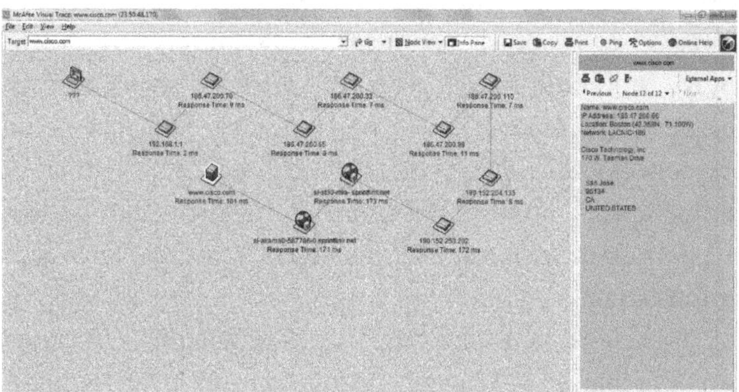

© Neotrace

Ces serveurs informatiques, au sein desquels sont stockées nos données, seront nécessaires à l'acheminement des informations qui constituent les pages web affichées sur votre écran, une fois les paquets d'images et de textes rapatriés sur nos machines.

Mais alors, « où suis-je », lorsque j'évolue sur internet ? Heureux sont certainement les insouciants qui valident naïvement leurs adresses de destination [*http://www.france2.fr*, par exemple] pour regarder le programme télévisé du soir. Ils imaginent certainement que l'information demandée voyage « d'un point A à un point B », de l'ordinateur de leur bureau très directement jusqu'au serveur informatique hébergeant le site de la chaîne. Pourtant, le schéma ci-dessus nous démontre explicitement le contraire. Il révèle les arcanes de cet espace de transit de nos informations, avec ses « péages » et son balisage. Nous avons précédemment évoqué, lors de la genèse des réseaux, l'analogie existant avec les infrastructures routières (les fameuses « autoroutes de l'information »). Lorsque nos voitures empruntent les autoroutes, chaque péage atteste de l'usage d'un moyen de paiement électronique qui marque (et trahit) notre passage. À chaque nœud de connexion, à chaque échange de « paquets de données numériques », un dispositif similaire enregistre notre adresse IP, participant au formidable pouvoir de *traçabilité* du monde informatique.

Mais alors, pourquoi prendriez-vous le temps d'installer un petit logiciel de traçage informatique sur le PC familial ? Pourquoi prendriez-vous un moment de votre temps pour montrer cela à votre enfant ? Parce ce dernier n'est bien souvent rien d'autre qu'un « super-utilisateur du net » et pas forcément un technicien averti (comme il semble le prétendre ou comme paraissent le croire beaucoup de parents). Non, ce n'est pas parce que l'on sait envoyer des messages (des âneries ?) via les réseaux sociaux à son copain que l'on maîtrise pour autant les fondamentaux techniques des systèmes informatiques. Tout comme ce n'est pas parce que l'on agite avec frénésie deux pouces sur un smartphone (on peut penser à la *Petite Poucette*[1] de Michel Serres), que l'on conceptualise l'ensemble des enjeux de la « trace numérique ».

La légende du collégien « super technicien du net »

Lors de mes séances de prévention des risques de l'internet auprès des jeunes, programme scientifique et pédagogique que je mène dans les collèges et lycées de France depuis plus de 10 ans, j'exploite systématiquement ces outils de visualisation des réseaux avec les jeunes.

Je vous laisse imaginer l'accueil qui m'est réservé, dans un amphithéâtre réunissant parfois plus de 300 collégiens (vous qui en avez un seul à la maison, vous mesurez certainement le défi que cela représente ☺). Il leur a bien souvent été annoncé en amont une conférence pédagogique sur... les « dangers d'internet ». La thématique est devenue un classique des dispositifs de prévention. Il me plaît toujours d'écouter les commentaires des jeunes qui entrent dans la salle :

– De toute façon, je suis sûr que je suis meilleur que lui en informatique...

– Je sais déjà tout ! Je vais rien apprendre. Vivement la cantine, j'ai déjà faim !

---

1. SERRES Michel, *Petite Poucette*, Édition Le Pommier, Paris, 2012.

Imaginez également le plaisir éprouvé à les voir, lentement, « s'enfoncer dans leurs fauteuils » lors de la présentation du schéma cité ci-dessus, illustrant les traces potentielles que l'on peut laisser sur le net, serveur après serveur. Ils sont brutalement très inquiets à l'idée que leur navigation de la veille puisse être si facilement tracée ainsi, il s'ensuit donc systématiquement les échanges suivants :

— Oui, mais moi, monsieur, j'efface l'historique ! Alors, du coup, y'a plus rien d'enregistré sur mon PC ?

— Si, bien entendu. Supprimer l'historique effacera un peu les traces de ton passage sur ta machine. Mais certainement pas sur l'ensemble des serveurs que tu auras traversés sur le net…

— Oui, mais moi, monsieur, je navigue en « fenêtre privée ». Si c'est privé, y'a plus de traces alors ?

— Bien sûr que si ! Le mode privé te permet d'être un peu moins visible sur le net, mais en aucun cas totalement invisible pour les experts en informatique ou les cybergendarmes.

Et puis, il y a toujours dans la salle, un « petit génie de l'informatique », celui qui prend la parole avec assurance :

— Oui, mais moi, monsieur, je navigue avec un VPN et il masque dynamiquement mon adresse IP toutes les 10 secondes…

Il est certain que de tels arguments techniques (même approximatifs), entendus de la bouche de plusieurs têtes blondes de classe élémentaire ne manquent pas de panache! Ils sauront également impressionner les quelques professeurs présents dans la salle pour encadrer la séance.

— Tu as parfaitement raison. Le *VPN* (*Virtual Private Network* ou réseau privé virtuel) « cache » encore un peu plus tes traces de navigation. Mais, en aucun cas, il ne peut t'assurer d'être parfaitement anonyme à 100 %. D'ailleurs, des chercheurs ont montré que même le puissant logiciel TOR (qui permet de rejoindre le dangereux espace du DarkNet et ses contenus illégaux) est vulnérable et que les données de navigation masquées peuvent être « désanonymées » à près de 87 %.

Parents, éducateurs, je peux vous assurer que le silence qui s'ensuit dans la salle est… tout bonnement religieux. Je le répète, il ne s'agit pas ici de « diaboliser » la trace numérique ou uniquement de faire peur gratuitement. N'est-il pas pour autant devenu nécessaire de mettre un peu à l'épreuve certaines de leurs certitudes technologiques? Les croyances de ces enfants, devenus pour certains d'entre eux de « super utilisateurs » du net et de ses outils (en comparaison avec vous, bien entendu) sont tenaces. N'est-il pas indispensable de tenter de « déceler » les convictions de ceux-là mêmes qui demeurent principalement des consommateurs passifs, bien avant d'être des ingénieurs en réseaux numériques ultraqualifiés?

Il est nécessaire de leur apprendre à visualiser le monde numérique et surtout à conceptualiser ses arcanes. Même de manière simplifiée, voire symbolique, à l'aide des petits logiciels utilitaires cités ultérieurement. Cela permet à l'enfant (et aux adultes que vous êtes) de prendre conscience de la matérialité des traces numériques. Il ne s'agit pas, par ce petit éclairage technique, de stigmatiser leur dangerosité, mais simplement de montrer que les dispositifs et relais numériques utilisés au quotidien (dont l'enfant semble avoir la certitude de maîtriser les tenants et les aboutissants) se présentent comme les maillons d'un système ultracontrôlé et surtout ultrastructuré.

Il me semble nécessaire de leur faire « visualiser le maillage de l'internet », pour qu'ils puissent l'intégrer et surtout mieux se le représenter. Étonnamment, cela suffit parfois à les faire redescendre de leur « petit nuage numérique ».

Épisode 3

Les parents, premiers médiateurs de l'information

Mais un nuage (numérique) peut en cacher un autre. Le phénomène des *fake news* (fausses nouvelles sur le net) et du détournement d'information bat son plein. Pourtant, il est loin d'être nouveau.

Au début des années 2000, le site internet de notre chaîne de télévision nationale France 2 connaît une concurrence déloyale et un peu spéciale. Un honorable citoyen coréen (du Sud) avait pris possession du nom de domaine « *france2.com* » (au côté de l'officielle adresse « *france2.fr* »). Ainsi, tous les internautes qui commettaient une erreur de saisie dans le suffixe de l'adresse se retrouvaient inexorablement dirigés vers… de sulfureux sites à caractère pornographique !

De même, durant plus de 17 longues années, les recherches sur Google concernant la vie du célèbre et pacifique pasteur Martin Luther King conduisaient les internautes à une autre surprise de taille. Précisons que de nombreux collèges en France portent le nom du prêcheur américain, dont l'étude biographique reste un sujet de prédilection pour les exposés scolaires de nos enfants. De ce fait, le nom de domaine « *martinlutherking.org* » a souvent caracolé dans les premiers résultats des moteurs de recherche. Or, en cliquant sur la toute petite mention située en bas de sa page d'accueil, il s'avère qu'il appartient au groupement néonazi « StormFront », une émanation du tristement célèbre Ku Klux Klan. Ce dernier se sert, depuis 1995, de cette plate-forme pour « revisiter » l'histoire de MLK, en le présentant sous un jour des plus douteux. Le forum internet Stormfront, dont le gérant n'était autre que le « suprémaciste » Don Black, regorgeait de caricatures xénophobes. Le site semble fermé mais, tel le phœnix, il renaît régulièrement de ses cendres.

Mais pourquoi mettre ici en exergue deux cas de ce que l'on nomme en langage informatique, le *cybersquatting*? Dès 2005, un rapport sur la protection de l'enfant et les usages de l'internet[1] alertait les autorités publiques sur la problématique des excès du net par les enfants. Ce document préconisait déjà l'appropriation raisonnée et partagée de l'internet par les familles, tout en soulignant la vulnérabilité des enfants. Plus de dix années plus tard, on estime « qu'aujourd'hui, 38 % des enfants âgés de 9 à 11 ans déclarent avoir déjà eu peur en naviguant sur internet selon une étude réalisée par le CSA pour l'association AXA Prévention, à

1. Consultation en ligne : https://www.ladocumentationfrancaise.fr/var/storage/rapports-publics/054000312.pdf

l'occasion de la cérémonie de remise du deux millionième permis internet. Ce chiffre a plus que doublé en cinq ans, puisqu'en 2013, ils n'étaient que 17 % à déclarer se sentir en danger sur internet[2]. »

Bien entendu, la première réaction parentale relève d'un double sentiment, mélange de colère et d'impuissance. Elle est toute naturelle, devant la facilité d'accès aux horreurs les plus invraisemblables (pornographie ou révisionnisme), par des enfants de plus en plus jeunes et via des adresses aux allures respectables. Au regard de ce premier constat de l'échec du contrôle par filtrage de l'internet pour les enfants de nos belles démocraties, la réponse des experts de l'enfance me laisse parfois perplexe : il reviendrait aux parents de « préparer l'enfant à la réception de ces contenus ». Marcel Rufo, pédopsychiatre médiatique, souligne le rôle fondamental que doivent avoir les parents, tant au niveau de la prévention que de la surveillance active des écrans connectés. Patrice Huerre, pédopsychiatre également, rappelle quant à lui que les parents doivent éduquer leurs enfants à la rencontre inévitable avec des contenus choquants. S'il est toujours bon de préconiser ces actions préventives, il est certainement beaucoup moins simple de les mettre en œuvre dans son foyer. Que signifie, en effet, « préparer ses enfants à des contenus choquants », sans avoir la mesure exacte de ce qui est, ou n'est pas, choquant ?

2. Source AXA Prévention. Consultation en ligne : https://www.axaprevention.fr

Au cours d'une de mes conférences publiques, j'ai accueilli le troublant témoignage d'une mère de famille (lors du temps d'échange proposé au public en fin de propos). Son enfant et plusieurs collégiens de classe de cinquième se sont retrouvés confrontés au visionnage d'une séquence vidéo terrifiante via des *smartphones* dont l'usage est pourtant interdit dans l'enceinte de l'établissement. Il s'agissait d'une scène de viol d'un bébé par un adolescent. Cette vidéo pédopornographique a circulé sur le net en février 2018 avant d'être neutralisée et retirée. Bien entendu, une cellule d'accompagnement psychologique a été immédiatement mise en place par la direction de l'établissement, pour recueillir les ressentis et tenter de prendre la mesure des traumatismes occasionnés.

Mais le plus incroyable à l'évocation de ce très sombre événement restent certainement les paroles recueillies auprès de certains enfants ayant participé au visionnage de cette horreur : « Bah, moi ça va. J'avais déjà vu pire... »

Devant un tel constat, je me demande si, ce qui modifie la parentalité numérique à l'heure d'internet et de la mondialisation de l'information, ne réside pas principalement dans la problématique du « magasin unique ». Pas de segmentation des contenus et de rayonnages spécifiques, les contenus réservés aux adultes et ceux dédiés aux jeunes enfants présentés en vrac sur un même étalage. Un peu comme si, dans le monde « physique » (pour le distinguer de celui de l'immatériel), nous n'avions plus de différenciation dans nos supermarchés, les boîtes de petits pois et les yaourts côtoyant sans complexe les DVD de pornographie réservés jadis au commerce discret des *sex-shops* spécialisés. Un peu comme si, nos chaînes de télévision nationales s'étaient progressivement autorisées à diffuser des films d'horreur interdits aux mineurs ou des productions classées X dès 21 heures, en heure de grande écoute familiale.

Gavage et effet by-pass

Cela ne fait que renforcer le véritable défi qui se présente aux parents : celui de gérer la délicate intermédiation de l'information. Car, à l'ère du gavage informationnel, jamais nos enfants n'ont reçu si jeunes autant d'informations à assimiler. Jamais il ne leur a été demandé, de manière aussi précoce, d'analyser la qualité d'informations dont les contenus proviennent de sources devenues incertaines et surtout incontrôlées.

C'est tout naturellement l'image du *by-pass gastrique* qui me vient à l'esprit. N'y a-t-il pas matière à s'interroger sur cet effet by-pass produit par l'internet ? Si certains s'émerveillent des effets positifs de ce circuit opératoire court qu'il établit entre l'enfant et l'information (richesse de l'accès à la culture, égalité des chances, etc.), je suis au regret de ne pas faire partie de la grande famille des enjoués du numérique. Ce circuit court (court-circuit ?) aurait également pour effet pervers d'éliminer la médiation humaine indispensablement située entre la source de l'information et l'enfant. Un phénomène décrit par le philosophe Bernard Stiegler dans ses nombreux écrits[3] concernant des technologies numériques qui, selon lui, court-circuitent les « savoir-vivre » entre les individus.

Le système scolaire l'a bien compris et tente de conserver (pour l'heure ?) ses précieux « gardiens du savoir », les incontournables professeurs-documentalistes. À cet égard, je me permets de suggérer la nécessité de *relooker* le terme de professeur-documentaliste, malheureusement encore trop souvent associé, dans l'esprit de certains collégiens, au classement des livres par « la documentaliste ». La dénomination de professeur-infomédiaire et peut-être plus simplement d'infomédiateur me semblerait plus appropriée. Et surtout bien plus moderne, en ces temps où l'intermédiation entre les producteurs d'information et les internautes apparaît comme salvatrice pour protéger le jeune public des dérives et des excès du net. Mais voilà, à domicile, pas de CDI proposant un réseau pédagogique filtré et bien protégé. Et pas non plus d'encadrement par un « infomédiateur » professionnel, disponible et bien formé aux problématiques de la désinformation en ligne.

Pourtant, le défi est le même chez vous, car la source d'approvisionnement principal des données (le net) est la même. Il faut donc éviter chaque jour, et autant que possible, de laisser les plus jeunes en prise directe avec une information non filtrée, seuls devant leurs écrans connectés.

3. Bernard Stiegler affirme que l'avènement des technologies numériques a conduit à des formes d'appauvrissement de l'intelligence collective, par la carence de véritables politiques économiques et de prescripteurs raisonnés pour guider nos pratiques. *Qu'appelle-t-on Panser ?* Tome I : *L'immense régression*, Les liens qui libèrent, 2018.

Mais cette solution a un prix : celui d'un accompagnement professionnel vigilant lors des temps de recherches scolaires, autant que celui du temps passé par les parents auprès des enfants devant ces écrans connectés. C'est seulement à ce prix que l'enfant pourra tenter d'acquérir, à vos côtés et progressivement, une maturité et un esprit critique suffisamment développés. Peut-être alors sera-t-il assez « construit » pour ne pas se laisser polluer par les contenus les plus toxiques.

Oui, l'éducation au virtuel est une affaire de temps et d'engagement parental, dès le plus jeune âge et tout au long de la délicate période de la construction identitaire de l'adolescence.

SAISON II

La « double peine » de la construction identitaire à l'ère du numérique

« Nos jeunes aiment le luxe, ont de mauvaises manières, se moquent de l'autorité et n'ont aucun respect pour l'âge. À notre époque, les enfants sont des tyrans. »

SOCRATE, 400 ans av. J.-C.

Épisode 1

Virtuel, réel, actuel, fictionnel : *quèsaco*?

« Ah, les ados, ce n'est plus ce que c'était avant ! », se lamentent sans cesse les parents d'aujourd'hui. Pourtant, à en croire les écrits d'Hésiode de Thèbes, poète grec du VIIIe siècle av. J.-C., la complainte des seniors critiquant les plus jeunes n'est certainement pas chose nouvelle :

> « Si l'avenir de notre peuple est entre les mains de la jeunesse frivole d'aujourd'hui, il y a de quoi désespérer. Cette jeunesse se conduit avec une suffisance vraiment intolérable. Elle croit avoir la science infuse. Quand moi j'étais jeune, on nous apprenait les bonnes manières et le respect que l'on doit à ses parents. Mais la nouvelle génération n'a de cesse de contester et elle veut avoir raison. Il est un fait certain que les jeunes sont d'une extrême insouciance. »

Mais les « générations d'avant » (avant la révolution digitale, bien entendu), ne devraient-elles pas se remémorer leur construction identitaire, à l'heure de leur propre phase d'adolescence, avant de juger si durement leur progéniture ?

Ah ! L'adolescence, cette période tourmentée, agitée par ce que certains biologistes américains n'hésitent pas à qualifier de « tempête hormonale[1] ».

Je vous laisse d'ailleurs un instant en pleine méditation, le temps de vous remémorer la vôtre, d'adolescence. Les plus âgés d'entre vous n'avaient pas à gérer la problématique des réseaux numériques. Et c'est précisément en cette période mouvementée de votre vie que vous avez eu à bâtir un grand nombre des fondations nécessaires à votre équilibre actuel : « Cette crise identitaire corrélée à l'angoisse de l'avenir ("Où vais-je ? Que ferais-je plus tard ? Que devient mon corps ?") va pousser le jeune à chercher chez l'adulte non pas des réponses rationnelles, mais ce qui fait leur identité propre[2]. » L'adolescence est un voyage, une périlleuse randonnée.

Nous pourrions d'emblée convenir de l'image d'un « parpaing dans le sac à dos », en évoquant le fardeau que représente, à ce moment précis de sa vie, le poids de la construction identitaire pour cet adulte en devenir.

1. BUCHANAN C.M., ECCLES J.-S., BECKER J.-B., « Are Adolescents the Victims of Raging Hormones : Evidence for Activational Eeffects of Hormones on Moods and Behavior at Adolescence », *Psychol Bull*, 1992, p. 62-107.
2. MARTEAUX Alain, « Soi est un autre : construction et déconstruction identitaires à l'adolescence. L'apport des thérapies narratives », in *Cahiers critiques de thérapie familiale et de pratiques de réseaux*, 2008/1 (nº 40), p. 183-198.

Construction identitaire connectée et risque de « schizophrénie digitale »

Comme le décrit le philosophe Éric Sadin, dans une très sombre (mais très belle) expression, la planète a été « silicolonisée[3] ». De fait, l'avènement d'un technolibéralisme porte désormais en lui la domination de l'homme par les environnements numériques, conduisant progressivement à des formes de dessaisissement du pouvoir de décision de l'individu. Pour qualifier à mon tour notre début de xxe siècle (et pour être, une fois n'est pas coutume, un peu moins anxiogène), je vous propose l'image d'un monde *hybride*, historiquement marqué par la mixité entre les concepts de *réel* et de *virtuel*. Depuis le début des années 2000, je me sens le témoin privilégié d'une période unique. Une période où le monde du réel se voit obligé de céder une part de son territoire au monde du virtuel. Une période unique car je demeure convaincu que notre xxie siècle sera « labellisé par le virtuel » dans le futur, un peu comme le xviiie fut labellisé « siècle des Lumières » (le plus souvent après, d'ailleurs, que nombre de ces Lumières ne se furent éteintes).

Et c'est au cours d'une période si particulière de notre humanité, dans cet environnement technologiquement instable et en perpétuel « progrès », que votre enfant doit tenter de stabiliser sa quête identitaire. Cette même quête

3. Sadin Éric, *La silicolonisation du monde : l'irrésistible expansion du libéralisme numérique*, Paris, Éditions l'Échappée, Collection « Pour En Finir Avec », 2016.

censée le conduire à se stabiliser lui-même, sur les plans émotionnels et psychiques. Ne serait-ce pas ajouter un « second parpaing » dans ce sac à dos, que d'y ajouter trop tôt la « donne » des technologies numériques ? Quels risques courons-nous à lui ajouter, trop précocement, le poids de la gestion continue des dispositifs numériques connectés ? Si je ne m'abuse, à l'époque de votre adolescence, vous n'aviez « qu'à vous préoccuper de votre réel ». Lui, doit également gérer sa quête identitaire adolescente au sein des espaces virtuels, dans un même temps. En ce sens, n'est-ce pas là lui faire subir une forme de *double peine* ?

Depuis le début de cette nouvelle saison, je manipule comme des évidences avec vous, certainement avec bien peu de précautions, les termes pourtant complexes « de réel et de virtuel ». C'est certainement très imprudent de ma part.

Il faut savoir que ces espaces sont éminemment difficiles à expliciter sur un plan conceptuel. L'objectif de cet ouvrage est d'être principalement dédié à l'accompagnement de la parentalité numérique. Il ne réside donc pas dans des tentatives de clarification scientifique sur la délicate (et très controversée) question de la qualification et des rapports existants (ou non) entre réel et virtuel. Je ne serai donc pas tenté de vous expliciter en détail le *quadrivium ontologique* de Gilles Deleuze et Pierre Levy qui dissertent pourtant avec aisance sur cette question. Vous irez certainement les approfondir (sur internet), si le cœur vous en dit. Pour autant, je vais tout de même exploiter ces travaux pour tenter d'éviter à mon lecteur (pardon, à mon spectateur ☺)

l'écueil principal qui consisterait à opposer systématiquement ces deux espaces. On peut dire que le réel possède en effet la faculté de « sonner vrai », tandis que le virtuel quant à lui « résonne faux ». Pour autant, le virtuel n'est pas le contraire du réel, comme le faux serait le contraire du vrai. À cet égard, le psychiatre Paul-Laurent Assoun[4] précise :

> « Une lourde ambiguïté sémantique pèse sur la notion de "virtuel". L'usage commun de la langue oppose le "virtuel" au "vrai", le localisant dans le registre du faux-semblant équipé par la science moderne de la communication. Ce serait l'ordre du "pour ainsi dire" et du mirage. [...] Le virtuel n'est pas le "faux", mais une sphère autre que celle du réel. Au point de produire une *réalité fictionnée.* À la façon du "semblant" (Lacan, 1970-1971), le virtuel serait ce qui permet de *faire tenir la réalité*, sur le mode de l'illusionnement. C'est cette version "virtualisée" du rapport à la réalité qui est à l'ordre du jour. »

La question est décidément très complexe, au point qu'il faut distinguer, dans le traitement sensible de cette question du virtuel, le sens philosophique (décrit par Deleuze ou Lévy) du sens technique. Dans ce dernier, le virtuel désigne principalement la simulation, au sens où l'on agit et joue sur des dispositifs techniques de simulation.

4. ASSOUN Paul-Laurent, « L'amour virtuel et son envers inconscient », *Dialogue*, 2009/4 (n° 186), p. 37-48.

Alors, la « réalité fictionnée » comme espace intermédiaire serait-elle la clé pour comprendre ce monde hybride que nous évoquions précédemment ? Nos enfants, *biberonnés au numérique*, seront-ils amenés à opérer un choix radical entre la réalité et la fiction ? Tout comme nous étions obligés de le faire avant les prodiges de la réalité virtuelle, nous qui n'étions partagés qu'entre l'espace du rêve sous la couette et celui de la réalité de nos cours de récréation.

Les générations futures ne risquent-elles pas de se laisser tenter par l'adoption d'un « entre-deux » ? Un espace tiers qui les conduirait à *illusionner leur réalité*[5] de manière naturelle en permettant de manipuler symboliquement et sans difficulté des objets immatériels devenus parfaits et sans résistance. Ne prenons-nous pas le risque que certains enfants perdent la possibilité de dissocier ou d'associer uniquement l'un ou l'autre des espaces – le réel et le virtuel – à ce qu'ils vivent ?

5. À l'instar des protagonistes du *blockbuster* américain de Steven Spielberg, *Ready Player One*, évoluant à la fois dans la réalité sordide d'un monde apocalyptique et dans un refuge virtuel nommé « oasis » et accessible uniquement par le truchement des dispositifs virtuels.

Épisode 2

Faut-il avoir de l'empathie pour des pixels ?

Si la réalité virtuelle rapproche (autant que faire se peut) la fiction de la réalité, n'y aurait-il pas un risque de confusion entre les deux mondes ? Cette question brûle évidemment les lèvres de tous les parents qui introduisent « le loup dans la bergerie », lorsqu'ils financent des jeux vidéo pour les placer entre les mains de leurs enfants. De nombreux chercheurs travaillent le sujet également controversé du « passage à l'acte », et ce depuis des années. Pourtant aucune étude scientifique n'a encore réussi à montrer que les jeux vidéo sont susceptibles d'entraîner très directement une confusion entre réel et virtuel[1]. Mais aucune étude

1. On peut se référer aux très riches travaux de David Buckingham qui a analysé de nombreuses études américaines pour avancer l'hypothèse que la société hypermédiatique aurait tué la notion d'enfance. BUCKINGHAM David, *La mort de l'enfance. Grandir à l'âge des médias*, Armand Colin, Paris, 2010.

n'a pour autant démontré clairement le contraire... Selon Édouard Gentaz[2], professeur de psychologie du développement, nos enfants se dotent rapidement de la compétence du « faire comme si ». Ils se plaisent à inventer des situations fictionnelles, qui s'appuient généralement sur des éléments puisés dans la réalité : « L'enfant qui invente son propre jeu sait où se situe la limite entre le réel et le fictif. » Il convient cependant d'insister sur le fait que l'enfant se nourrit avant tout des repères contextuels qui l'entourent, pour s'assurer que la situation relève de la pratique outillée d'un simulateur virtuel ou de la réalité.

Or, précisément, c'est là que se situe une partie du défi que la réalité virtuelle s'est lancée depuis son avènement : développer des dispositifs capables de *tromper nos sens*, de *se jouer de chacun de nos sens*. Avec les premiers dispositifs (casques et lunettes), seules la vue et l'ouïe semblaient concernées. Le cas de « l'expérience de Milgram virtualisée » propose un exemple significatif des premiers éléments de recherche et de réflexion scientifiques portant sur l'analyse du « point de rupture », cette frontière entre la réalité et la simulation de la réalité. Il me faut vous proposer tout d'abord un petit détour par le passé, pour mieux vous décrire cette expérimentation marquante, conduite dans les années 1960 par le psychologue américain Stanley Milgram. L'idée initiale résidait dans l'évaluation du degré d'obéissance d'un sujet placé dans un processus de soumission à l'autorité. Hanté par les horreurs de l'Holocauste, Milgram

2. Gentaz Édouard, Denervaud Solange, Vannetzel Léonard, *La vie secrète des enfants*, Éditions Odile Jacob, Paris, 2016.

se questionnait alors sur la nature des processus psychiques qui avaient poussé de paisibles citoyens allemands à s'adonner aux barbaries nazies. Le dispositif expérimental met en scène trois personnes : le chercheur (en blouse) représentant de l'autorité scientifique, le sujet chez qui on teste le niveau d'obéissance, et enfin l'élève, un comédien et complice du chercheur. En effet, toute la subtilité (et l'originalité sans nul doute) du protocole de Milgram repose sur le fait que les décharges électriques sont « fictives » et les réactions de douleur simulées par cet acteur. Mais les décharges occasionnées et la souffrance feinte du cobaye apparaissent comme bien réelles aux yeux de la personne qui les administrent. Les travaux de Milgram marqueront l'histoire et seront parfois exploités au cinéma, comme dans une scène culte du célèbre film *I comme Icare* tourné par le cinéaste Henri Verneuil.

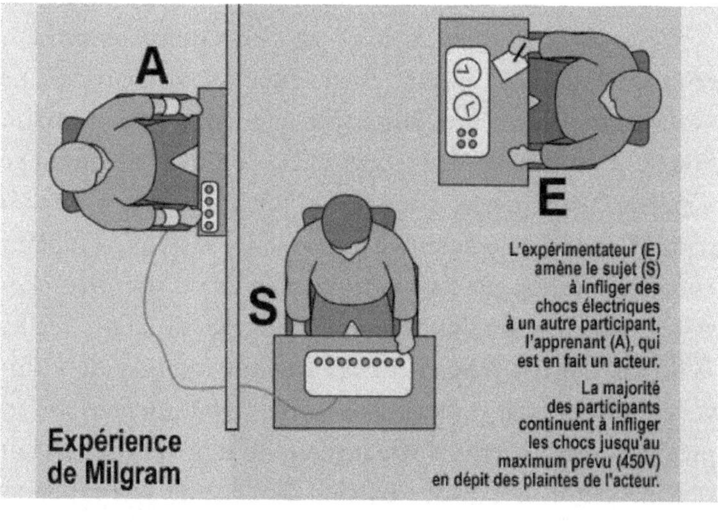

Schéma original de Milgram

Mais revenons maintenant au sujet qui nous réunit et rapprochons-nous de technologies numériques plus contemporaines en lien avec le processus de virtualisation que nous étudions. En 2006, le professeur Mel Slater et son équipe scientifique du *University College of London* reproduisent le dispositif de Milgram.

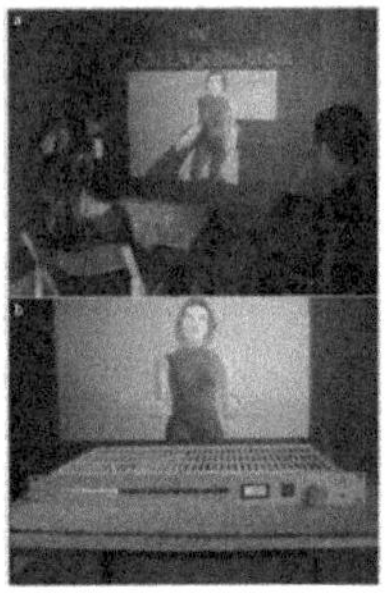

Expérience visuelle de l'*University College of London* (2006).

Cette fois, le sujet A était un personnage féminin… représenté par un avatar ! Bien entendu, les participants avaient conscience que le personnage n'était pas humain. Pourtant, lorsqu'on leur demanda s'ils avaient envisagé d'arrêter l'expérience, la moitié d'un des groupes étudiés répondit « avoir été tentée de le faire ». Plus troublant encore, l'analyse de leur rythme cardiaque montrera des signes presque similaires au vécu d'une situation réelle. William Dutton (chercheur à l'Institut internet de l'université d'Oxford) commente cette expérimentation en précisant que « même si chacun sait qu'il ne produit en fait rien de grave, il y a des parties du cerveau qui ignorent ce qu'est la réalité virtuelle ». Une question se pose : les sujets « humains » placés devant l'obligation d'adresser des décharges électriques à cette « femme virtuelle » auraient-ils pu mettre en œuvre une forme « d'empathie pour des pixels » ? Cette réaction empathique serait-elle intrinsèquement conséquente au degré d'immersion fictionnel et donc à la qualité du dispositif technique « immersif » ? Elle s'appuie certainement et avant tout sur notre tendance naturelle à nous laisser rapidement déborder par notre imaginaire, dès lors que la narration et les signaux que l'on nous propose font appel à notre histoire. C'est par ailleurs pour cela que les adultes que vous êtes versent encore quelques discrètes larmes, lorsque la maman de *Bambi* meurt au cinéma (alors que vous me semblez pourtant en âge d'assimiler la question de la fiction ☺).

Épisode 3

Des casques virtuels au pays des tout-petits

Pourrions-nous définir et convenir d'un « âge de raison », celui où vous n'allez plus jamais pleurer devant une fiction cinématographique, un âge nécessaire pour manipuler avec discernement les outils virtuels immersifs et les considérer pour ce qu'ils sont, une simulation ? Qui peut affirmer par ailleurs que ces dispositifs immersifs ne pourraient être amenés à remplacer majoritairement les traditionnelles consoles de jeux de nos salons, dans les années à venir ? À quel âge, d'ailleurs, convient-il de laisser votre enfant jouer (seul, car il sera, de fait, seul dans ce casque) avec ces dispositifs immersifs tridimensionnels ? Les constructeurs de casques virtuels, tel Sony et sa Playstation VR (Virtual Reality, console équipée d'un casque immersif 3D), préconisent d'emblée l'âge minimal de 12 ans. Mais, en parent averti que vous êtes, je vous imagine déjà aisément anticiper les « potentiels dérapages » de votre collégien de 14 ans (doté, comme vous le savez, d'une imagination débordante lorsqu'il s'agit de transgresser vos règles familiales). Je sais que vous le voyez déjà proposer à son jeune frère de 5 ans une petite « balade virtuelle dans son casque », dès lors que vous aurez le dos tourné. Sans même évoquer la problématique évidente du contenu des images potentiellement diffusées (un terrifiant zombie, par exemple), il n'existe que très peu de travaux scientifiques portant sur l'analyse de l'expérience immersive tridimensionnelle chez les tout-petits. C'est pour cette raison que mon collègue Renaud Hétier[1] et moi-même avons décidé de conduire une recherche sur cette thématique, en collaboration et avec le financement de la Fondation pour l'Enfance[2]. Cette recherche (initiée en 2017) se proposait de recueillir et d'étudier les premiers effets de la réalité virtuelle immersive sur de très jeunes sujets (environ 5 ans, enfants scolarisés en grande section de maternelle). Le caractère innovant du dispositif (plonger de très jeunes enfants au cœur de la réalité virtuelle) et les contraintes logistiques qui en découlent (autorisation d'accès aux écoles maternelles, accords parentaux impératifs) nous conduiront à limiter le corpus à l'étude d'une trentaine de sujets. Deux « univers virtuels » leur seront proposés successivement.

1. Renaud Hétier est professeur en sciences de l'éducation.
2. La Fondation pour l'Enfance est reconnue d'utilité publique. Elle abrite sous son égide des fondations et associations œuvrant pour faire progresser la protection de l'enfance en difficulté.

Nous traiterons nos observations selon six axes principaux :

– La temporalité et la qualité de l'immersion.

– L'importance des interactions et du lien avec le monde réel (guidage expérimentateur).

– La nature de la présence et la distinction des espaces virtuel/réel.

– La convergence des expériences kinesthésiques (au-delà du seul visuel).

– La persistance de l'univers virtuel.

– Les effets psychomoteurs.

Il ne s'agit pas de vous présenter l'ensemble des résultats de cette étude. Nos interrogations demeurent aujourd'hui encore nombreuses, tant à propos des aspects cognitifs, psychomoteurs et sensibles, que dans les domaines du rapport aux dispositifs communicationnels ou de la transmission des savoirs. Je vous propose de retenir principalement deux clés de lecture. La première concerne le rôle des stimulations sensorielles additives (contact physique avec un objet perçu soit comme extérieur – mur – soit comme interne au monde virtuel – sol dur pris pour de la pierre). Une expression commune propose de se pincer pour vérifier que nous ne sommes pas en train de rêver. La stimulation sensorielle additive se présente comme un moyen de contrôler, via un stimulus « physique », que nos sens sont en éveil et qu'il ne s'agit pas d'une fiction projetée par nos images mentales (le rêve, l'hallucination). Le casque virtuel interdit tout contact visuel direct avec l'environnement extérieur, auquel se substitue une représentation pixélisée d'un décor représentant un espace existant – ou non – à l'état naturel. C'est peut-être d'ailleurs le terme qu'il convient d'employer (plutôt que « vrai ») pour différencier les deux espaces, fictionnels et réels : une montagne pixélisée pour la différencier d'une montagne naturelle.

Plusieurs enfants témoigneront de leur étonnement de l'absence de « contact » avec les éléments en présence dans le paysage : « On ne se fait pas mal quand on se cogne dans les pierres » ; « Il n'est pas très lourd, ton bâton » ; « Le chien, on ne sent pas ses poils avec ma main » ; « J'ai bu tout le verre, mais j'ai rien senti dans ma bouche. » Cependant, lorsque l'un des enfants fait entrer la manette en contact avec le sol, en tentant de « toucher » une pierre virtuelle, il transcrit ce contact par cette remarque : « C'est bien une pierre, c'est tout dur ! » Le stimulus sensori-moteur (*feed-back* sensible) d'un contact physique avec n'importe quelle matière solide (le sol) suffirait-il à lui seul pour que l'enfant puisse penser qu'il vient de rentrer en contact avec une véritable roche ?

En second lieu, je souhaite que vous portiez une attention toute particulière à la réaction étonnante d'un des sujets étudiés. En effet, un des enfants a manifesté la « peur d'un oubli ». Après avoir ôté le casque, tous les enfants passent par une phase de collecte des sensations vécues lors de la simulation. Une étudiante de master, engagée dans le dispositif de recherche, leur demande de faire part de leurs sensations pendant cette expérience immersive. Un des enfants nous décrit son vécu immersif avec un certain entrain :

— J'étais dans la montagne, il y avait un petit chien rigolo qui n'avait pas de poils. Après, je suis allé dans une cuisine (le laboratoire). Je me suis servi à boire et puis…

Soudain, son visage se fige. Il se dresse hors du fauteuil, comme pris de panique et s'exclame :

— J'ai oublié de fermer le robinet !

Si cette petite phrase peut, dans un premier temps, prêter à sourire pour un adulte (ou pour un collégien), le « signalement » qu'elle constitue vous laisse certainement dubitatifs, voire inquiets. D'autant que l'enfant insistera pour tenter de retourner dans les plus brefs délais dans cette « cuisine », pour fermer au plus vite ce fameux robinet, cause d'une inondation prévisible (et donc d'une potentielle « grosse bêtise » de sa part). D'autres manifestations de certains enfants s'inscriront dans cette même catégorie d'une *possible confusion entre les deux espaces*, celui de la réalité et celui de la fiction simulée par le dispositif immersif : « J'ai jeté loin le bâton et le chien est tombé dans le ravin. Il est mort ? » ; « J'ai cassé des bouteilles, j'ai mis plein de bazar dans la cuisine (le laboratoire), il va falloir tout ranger ? » On pourrait interpréter toutes ces réactions comme la peur d'un changement opéré lors du « retour dans le réel » (désordre, inondation, mort du chien). Il existe par ailleurs un doute pour analyser l'épisode de « l'enfant et du robinet » : les actes dans le casque pourraient-ils avoir, pour lui, des conséquences une fois le casque ôté ? Au regard du très jeune âge des sujets étudiés, il demeure difficile de savoir si les craintes exprimées par l'enfant peuvent être interprétées comme une hypothèse sur la persistance de l'univers virtuel (comme dans certains jeux vidéo en ligne dans lesquels la situation évolue y compris en son absence), ou comme une simple confusion (l'univers virtuel étant pris pour réel).

Il nous a semblé prudent, mon collègue Renaud Hétier et moi-même, de préconiser pour les tout-petits l'application d'un *principe de précaution*, avant tout. Cette étude nous conduit en effet à ne pas recommander pour l'heure l'usage de la réalité virtuelle (RV) chez les tout-petits (moins de 6 ans). Les nombreux effets liés à l'expérience immersive chez les très jeunes enfants nous semblent encore au stade des études comportementales et psychiques. Il y a certainement nécessité d'une maturation suffisante du principe de réalité (il est délicat de donner un âge normatif – 12 ans théorique –, qui ne correspond pas forcément à la maturité réelle de chacun). L'âge de 6 ans (proposé par certaines structures publiques sur Paris) nous semble encore trop précoce. Pour mémoire, le principe de réalité, selon Freud, s'oppose au principe de plaisir. Chez le tout-petit, les choses peuvent être présentifiées par le moyen de l'hallucination. Il faut en passer par la déception pour se « représenter l'état réel du monde extérieur ». Pédiatres et psychiatres s'accordent généralement à penser que l'âge pour « ne plus croire au Père Noël » se situe autour de six à sept ans. Par ailleurs, la loi française situe le fameux « âge de raison » seulement à partir de 7 ans. Est-il « raisonnable » d'envisager une activité impliquant l'usage de la raison (nécessaire pour différencier clairement les espaces réels et fictionnels) sur des enfants encore peu capables d'opérer clairement une telle distinction ?

Enfin, la durée d'immersion maximale de ces dispositifs reste à ce jour encore mal connue. Toutes les études scientifiques témoignent d'une dégradation du confort et d'une sensation de fatigue pour un adulte au-delà de 20 minutes d'immersion. La résistance des tout-petits est-elle à la même échelle ? Sont-ils plus ou moins sensibles au phénomène de « *motion sickness* », cette sensation désagréable de malaise dans le cadre d'activités qui « trompent nos sens » ? Et *quid* des effets de « convergence forcée prolongée » induits par le port du casque, dans une période de développement et de stabilisation de l'appareil visuel ?

Comme nous allons le voir dans l'épisode suivant, la question la plus posée par les parents lors de mes conférences publiques demeure : « Mais alors, docteur, combien de temps par jour mon enfant est-il autorisé à faire de l'ordinateur ? »

SAISON III

L'addiction à la connectivité, comme une fatalité ?

« La seule habitude qu'on doit laisser prendre à l'enfant est de n'en contracter aucune. »

Jean-Jacques Rousseau, *Émile ou de l'éducation*

Épisode 1

L'opium (du peuple) numérique

Bien que mon année de naissance corresponde à la date des premiers pas de l'homme sur la Lune, adolescent, j'étais déjà un « *geek* » (alors même que le terme n'était pas inventé). La précocité de ma passion pour la micro-informatique, encore balbutiante dans les années 1980[1], m'a permis de prendre en considération, dès mes premières recherches scientifiques en sciences de l'information et de la communication, l'inégalable pouvoir attractif des outils numériques. Subtile combinaison entre fascination, créativité, narcissisme et gratification, le cyberespace est potentiellement un véritable « trou noir spatio-temporel », pour quiconque l'utilise. À l'instar de cet objet céleste, il

1. Mon premier ordinateur ZX81 de marque Sinclair, acheté par mes parents pour mes 12 ans…

tend à absorber inexorablement « notre temps de cerveau humain disponible[2] ».

En 2007, je répondais à l'invitation d'un réseau d'addictologie lié au CHU d'Angers, pour dispenser une première conférence sur un sujet, encore peu étudié à cette époque, celui des effets de l'addiction à l'internet chez les jeunes publics. Les temps ont changé, et la problématique de la surconsommation de connectivité représente bien souvent la première porte d'entrée des fameux dangers du numérique pour les enfants. Les parents et grands-parents concernés par cette angoisse demeurent encore majoritairement ceux que l'on appelle « les enfants de la télévision » (en référence à la célèbre émission télévisée de divertissement du producteur Arthur). Peut-être ne se souviennent-ils plus des longues heures passées à « ne rien faire », scotchés devant une télévision passive, astucieusement qualifiée de « folle du logis[3] » par le sociologue Dominique Wolton. Ils ne se souviennent certainement plus des nombreux efforts (voire des cris ?) de leurs parents pour les faire venir à table, à l'heure fatidique du souper. L'addiction à la télévision ? Du passé. Place à l'addiction aux outils numériques connectés ! La liste des substances les plus dangereuses lorsqu'elles sont consommées avec excès – alcool, drogues, tabac, médicaments –, nécessite depuis plusieurs années

2. Le « temps de cerveau humain disponible », selon l'expression formulée en 2004 par Patrick Le Lay, alors président-directeur général du groupe TF1, est ce que la chaîne de télévision TF1 vendait à ses annonceurs : « Ce que nous vendons à Coca-Cola, c'est du temps de cerveau humain disponible. »

3. Wolton Dominique, *La folle du logis. La télévision dans les sociétés démocratiques* (avec Jean-Louis Missika), Gallimard, Paris, 1983.

l'intervention des spécialistes de la prévention dans les établissements scolaires. Depuis plus de 10 ans, me voilà donc régulièrement sollicité aux côtés des professionnels de la santé, des médecins, des infirmières ou des gendarmes, pour interpeller et informer parents et enfants en leur faisant profiter du fruit de mes recherches universitaires. Un seul objectif : lutter contre un nouveau « fléau du XXIe siècle », le terrifiant *netaholisme*, phénomène lié aux effets de la surexposition juvénile à la connectivité numérique.

Nul besoin d'emphase, le terme à lui seul ne pourrait suffire à créer une terrible psychose auprès des parents. *Tabagisme*, *alcoolisme* et… *netaholisme*, le terme semble trouver parfaitement sa place aux côtés des autres calamités addictives.

— Comment ? Mon enfant serait « accro au net », au même titre qu'au tabac ou à l'alcool ? C'est un peu comme une drogue, alors…

— Et pourquoi dit-on « au net » d'ailleurs ? Simplement pour évoquer la dernière syllabe d'internet ?

— Et ce « holisme », est-ce pour évoquer ses « cousins » des domaines de l'addictologie dont on assure déjà depuis des années une prévention active dans les établissements scolaires, l'alcoolisme et le tabagisme ?

Les questions parentales sont légion et le sujet ne laisse pas indifférents des parents, légitimement préoccupés par les longues heures que les loisirs numériques ponctionnent sur l'agenda de leur progéniture. Le temps libre des enfants est un bien précieux. Il répond à un subtil dosage entre les devoirs scolaires, le sport, la culture générale et… les loisirs. Le problème se pose lorsque le dernier des items, complètement absorbé par les activités connectées, empiète un peu trop sur les autres. Le risque ultime, celui de la perte de diversité, se présente lorsque ces pratiques numériques deviennent… exclusives.

La réflexion que je vous propose s'appuie, pour partie, sur le canonique questionnaire du docteur Kimberly Young[4] (1998). Le terme « addiction à l'internet » aurait d'ailleurs été utilisé pour la première fois lors du colloque de l'American Psychological Association (APA) de Toronto en 1996 par cette psychologue américaine, présentée aujourd'hui comme une pionnière des travaux scientifiques sur l'addiction à la connectivité. Qui aurait pensé à cette époque que les gros titres de la presse allaient présenter internet et les activités en ligne comme « l'ennemi n° 1 », le nouvel « opium du peuple », seulement quelques années plus tard ?

4. « Caught in the Net : How to Recognize Internet addiction and A Winning Strategy for Recovery », 1998.

Épisode 2

Genèse de l'addictologie numérique : de la psychose médiatique à la communication scientifique

Parents et éducateurs, il est parfaitement normal d'avoir peur d'internet. Tel le « grand méchant loup numérique », internet et ses activités connectées guettent nos petits agneaux. Lire la presse (et écouter les scientifiques) devrait, par ailleurs, vous aider à stresser un peu plus. À l'occasion de la production d'un article coécrit avec mon collègue Renaud Hétier, nous avions conduit une brève revue de presse sur la thématique de la cyberdépendance, dès le début des années 2010[1]. Huit articles de presse avaient été recueillis dans les principaux

1. Blocquaux Stéphane, Hétier Renaud, « Dépendance aux réseaux numériques et éducation » in *Science, technique et société : de quoi sommes-nous responsables ?*, coordonné par Philippe Mustière et Michel Fabre, Nantes, Éditions Coiffard, 2011, p. 338-348.

quotidiens et magazines nationaux, datant tous de moins de trois ans et faisant impérativement référence à la thématique de la « dépendance au numérique » dans le titre du document.

Source	Titre de l'article	Publié en
Le Monde	Être ou ne pas être cyberdépendante ?	2009
Le Point	La cyberdépendance passée au crible.	2008
France Soir	La cyberdépendance : un nouveau fléau pour nos ados ?	2008
Le Figaro	De plus en plus de jeunes accros aux jeux vidéo.	2010
L'Étudiant	Comment savoir si mon enfant est cyberdépendant ?	2010
L'Express	Cyberdépendance : près de 800 000 victimes en France	2008
Libération	Cyberdépendance : un enjeu en ligne de mire.	2010
Télérama	Des lycéens alsaciens testent leur « cyberdépendance » ?	2007

On pouvait déjà repérer :

– Un vocabulaire très « alarmiste » pour un phénomène naissant, à travers plusieurs termes récurrents :

- « addiction » (1)(2)(4)(5)(7)(8),
- « drogue » (2)(4)(5)(6)(7),
- « fléau » (2)(3),
- « risques » (2)(6),
- « crise » (4)(5),
- « phénomène » (2)(3).

– Un essaim de termes et d'expressions fortement anxiogènes :

- « dangereux » (5),
- « opium du peuple » (4),
- « la maladie de notre siècle » (4),
- « personnes atteintes » (6),
- « victimes » (6),
- « ligne de mire » (7),
- « préjudices » (8),
- « appel d'urgence » (2),
- « centre de soins » (6),
- « drame » (3),
- « dérapage » (3),
- « préoccupante » (4),
- « pratique excessive » (6).

– De façon plus transversale, il était possible de distinguer trois thématiques fortes : « l'addiction », les « troubles de la santé » et la « désocialisation ».

L'ADDICTION
« addiction » (1)(2)(4)(5)(7)(8), « drogue » (2)(4)(5)(6)(7), « accros » (1)(2)(5), « se goinfrer » (7), « drogue douce » (1), « fatigue » (2), « toxicomanes » (7), « toxicomanie numérique » (1), « maladie » (1), « usagers abusifs » (1), « usage compulsif » (8), « fondus de jeux » (7), « irrésistible » (1), « une routine » (7), « obsessionnelle » (1), « problématique addictive » (5), « addicts » (7), « cyber-consommation excessive » (8).

LES TROUBLES DE LA SANTÉ
« pathologie » (2), « souffre » (1), « souffrent » (2) (8), « souffrant » (2), « souffrance » (5), « souffrir de troubles obsessionnels » (1), « mésestime de soi » (2), « pète les plombs » (5), « centres de soins » (6), « frustration » (1), « ennui » (1), « déprime » (1), « consultation » (3), « curable » (1), « maladie » (1), « diagnostiquer son état » (1).

LA DÉSOCIALISATION
« suicide social » (5), « un travail à plein temps » (7), « perd la notion de temps » (7), « échapper à la réalité » (5), « renfermés sur eux-mêmes » (5), « déscolarisation » (5), « une échappatoire » (4), « il s'est évadé dans les jeux » (4), « les volets de ma chambre sont restés fermés pendant un à deux ans » (4), « c'est une fuite » (4), « il doit tout réapprendre ou presque » (4), « la rupture des liens sociaux » (5), « se réfugier dans le virtuel » (5), « se glisser dans la peau d'un personnage à la morale discutable » (3), « accélérateur de narcissisme » (1), « une quête très narcissique » (4), « se réfugier dans le virtuel » (5), « repli sur soi » (8), « problème scolaire » (8), « s'enfermer toujours un peu plus dans un monde » (2).

Alors que les médias américains insistaient plutôt à l'époque sur la dimension sociale des effets de type « passage à l'acte », comme le montre notamment le chercheur David Buckingham (2010) déjà cité précédemment, on notera que c'est plutôt l'aspect psychologique qui retiendra en premier lieu l'attention des médias français. Le thème de la désocialisation se lie, d'une façon qui mériterait encore aujourd'hui d'être mieux analysée, au thème de la perte de la réalité. Le cercle dépendance-souffrance-désocialisation-perte de réalité peut être pris par un bout ou par un autre. L'investissement de mondes virtuels n'est pas uniquement facteur de perte de réalité, mais aussi de dépendance. La dépendance favorise la désocialisation, comme la désocialisation renvoie à l'objet dont on dépend.

Le constat de la prégnance des activités connectées

Aussi, pour tenter de prendre la mesure du phénomène d'addiction à la connectivité, j'ai décidé de poursuivre mes recherches dans cette voie et de conduire à deux reprises (2010 puis 2015) une enquête par questionnaire auprès d'une population d'élèves de classes de quatrième (réalisée dans le cadre d'une direction de recherche de master en sciences de l'information et de la communication). L'échantillon était, dans les deux cas, constitué d'élèves provenant de trois collèges différents du Maine-et-Loire (49). Quatre classes (de 25 à 30 élèves) par collège ont été interrogées, pour retenir un échantillon de 128 élèves, échantillon tiré au sort sur l'ensemble des questionnaires recueillis. Malgré les limites traditionnelles de ce type d'étude (manque de compréhension de certaines questions, non-réponse à certains items, effets de groupe, etc.), les analyses tirées des données recueillies ont, très tôt, éveillé notre attention quant à la prégnance des activités numériques chez un très grand nombre des jeunes interrogés.

À l'époque (2010), 34 % des collégiens interrogés étaient déjà susceptibles d'être concernés par une consommation supérieure à 30 heures par semaine en période scolaire. En 2015, lors de notre seconde vague de recueil de données, nous avions constaté que 40 % d'entre eux (à échantillon équivalent) atteignaient les 35 heures de connectivité par semaine. Loin de moi l'idée de céder au phénomène de psychose médiatique décrit précédemment. Loin de moi également l'envie de surfer sur la vague de la diabolisation des excès des pratiques numériques juvéniles. Je me permets simplement de poser, dix ans plus tard, l'amer constat que ces premiers indicateurs donnaient raison à ceux qui prédisaient l'augmentation croissante et fulgurante des temps de consommation des écrans connectés par notre jeunesse, qualifiée parfois aujourd'hui *d'hyperconnectée.*

Ne vous méprenez pas. Ce n'est pas la connectivité juvénile qui me pose un problème particulier, c'est sa dimension « hyper ». Si *être actif* me semble un qualificatif plutôt positif pour un jeune, son *hyperactivité* relève bien souvent d'une pathologie aux conséquences problématiques pour son développement et son équilibre. Or, nous allons le constater, tout conduit à penser que le « progrès » vers lequel nous tendons les destine à s'affranchir de certaines limites temporelles pourtant nécessaires à cet équilibre.

La fin programmée des limites « forfaitaires »

Le 18 septembre 2002, l'opérateur Free commercialisait sa première Freebox et surtout, son premier forfait ADSL illimité. Cela marque la fin du système dit de compteur (avec un forfait mensuel de 20 heures à 50 heures). Ce principe avait le mérite d'instaurer une forme de « barrière temporelle technologique », doublée d'une limite économique qui restreignait nos envies de connectivité. Dépasser son forfait coûtait cher, parfois très cher. Les parents veillaient donc au grain pour ne pas voir leur facture exploser en fin de mois. Le règne de « l'illimité » a libéré les usages connectés. Mais cela, au prix de la déconstruction chez l'enfant de la très frustrante (mais très précieuse) notion de *gestion de la quantité*. Pourquoi se priver, se gérer, se rationner ou restreindre son quota de temps connecté… alors que « tout est gratuit et surtout, que tout est illimité » ? De fait, la victoire commerciale de la connexion internet illimitée a condamné la construction de la rationalisation temporelle des activités juvéniles connectées (et certainement celle des adultes aussi, d'ailleurs).

Encore une fois, pas de jugement moralisateur dans ces propos. Simplement le constat du passage d'un monde à l'autre, d'une époque où la gestion du temps connecté était précieuse car les minutes connectées représentaient un bien précieux, rare. Les limites temporelles et tarifaires se présentaient comme des barrières à la surconsommation, jusqu'à l'avènement du « forfait sans limites » qui positionne *de facto* le parent « contre » le jeune, un parent devenu l'ennemi de l'internet à gogo, un « empêcheur de se connecter en rond ».

— Pourquoi n'ai-je pas le droit « d'en faire » encore ? J'ai plein de temps libre, moi. Et ce n'est pas plus cher pour mes parents que j'en consomme une heure ou dix heures, alors…

témoigne ce jeune élève de cinquième auditionné lors de mes conférences pédagogiques en milieu scolaire.

— Ce n'est pas juste. Il y a tout ce qu'il me faut sur le net et mes parents ne veulent jamais que j'y aille.

— Pourtant, ça ne leur coûte rien, ***rétorque son camarade.*** **Et puis, c'est moins cher que de nous acheter des livres !**

« L'illimité connecté » a fait adhérer l'internet au club des principaux médias de flux, à l'instar de la radio ou de la télévision. Certes, les programmes des médias traditionnels sont encore encadrés par des instances de régulation et de contrôle des informations, alors que sur l'internet les auditeurs construisent et participent eux-mêmes à une grande partie de la production du flux informationnel dans un cadre plus libéral. Le point qui nous intéresse ici ne relève pas de la qualité du contenu. Il s'agit de bien comprendre que la notion de temporalité de la réception ne représente plus désormais un frein économique pour le consommateur de l'internet, ce depuis l'avènement de cette nouvelle ère de « l'illimité connecté ». L'internaute est enfin libéré de cette pression passée du « compteur du taxi », cet appareil que l'on scrute avec angoisse, en constatant le débit de ses euros à chaque minute supplémentaire passée sur la route.

Mais le plus important à noter est qu'il en sera bientôt de même pour notre connectivité mobile, en passe de se généraliser « en mode illimité ». C'est l'opérateur Free qui a proposé (à nouveau en premier) un forfait 4G illimité en France. Avant mars 2017, il était en effet impossible de trouver un forfait 4G qui n'était pas « bridé dans le temps par une surfacturation », une fois une certaine quantité de données échangées atteinte. J'ai coutume de dire lors de mes interventions auprès des parents : « Offrir Free en illimité à un collégien, ce n'est pas forcément avoir tout compris[2] ! » Il est normal que les parents aient à cœur d'offrir « le meilleur » à leur progéniture. Pour autant, dans le cas précis de notre quête d'éducation au virtuel, illimité n'est pas forcément synonyme de meilleur. La tentation d'opter pour une formule de type « *all inclusive* » pour son enfant est motivée par des offres commerciales alléchantes, souvent plus avantageuses qu'un forfait réduit en temps de connectivité pour un tarif supérieur. C'est un peu un monde à l'envers, au sens où il faudrait payer plus pour en avoir moins !

Il demeure en moi un terrible sentiment, un étrange ressenti (même si je conçois que ces termes n'aient rien de scientifique). Pour les milliers de jeunes rencontrés lors de mes travaux sur le terrain des collèges et lycées de France durant plus de dix années, l'internet semble être un de ceux qu'ils considèrent comme « services universels gratuits ». Vous savez, un peu comme toutes ces autres ressources « gratuites » qu'ils consomment (et gaspillent) librement à domicile ! Je parle bien entendu de l'eau, du gaz ou de l'électricité (dont vous réglez pourtant la note parfois salée…), dont ils se soucient parfois peu du coût mensuel

2. En référence à la publicité de Free, « Si t'as Free, t'as tout compris ».

que cela représente pour votre foyer ou encore de la fatalité de l'épuisement naturel de ces biens.

Et si une coupure temporaire d'eau semble « gérable » pour nos bambins connectés (surtout si vous avez des garçons ☺), la coupure d'électricité symbolise avant tout l'arrêt temporaire de la sacro-sainte « box internet », la principale source d'accès à l'heure où l'illimité mobile n'est pas encore complètement instauré chez les mineurs.

Source inconnue

La société tout entière nous pousse vers le mirage de l'illimité. Les publicités regorgent des promesses de notre libération. La clé de notre bonheur résiderait dans l'éradication de nos contraintes et nous serions tous heureux une fois dégagés de toutes limites. À commencer par celle de la restriction que représentent les insupportables « forfaits temps » : « Jamais sans tes potes » argumente Bouygues, « Vive l'illimité ! » proclame Free – en montrant un petit oiseau chanceux qui s'échappe de sa cage. L'illimité semble résolument proposé comme un paradigme libératoire. Cette pseudo-libération de l'homme repose essentiellement sur le levier du plaisir, entretenant savamment la confusion du triptyque « plaisir – illimité – liberté ». Je repense avec amusement à ce panneau, posé devant un restaurant, me proposant une formule « moules-frites illimitées ! » Un peu comme si la limite imposée par mon estomac avait subitement disparu. Un peu comme si je pouvais ne pas être rassasié au quatrième kilo de frites et au cinquième kilo de moules englouties. Et un peu comme si ce « petit oiseau internet » sorti de sa cage pouvait voler éternellement, sans se reposer. Je pense qu'il est éminemment nécessaire de réinstaurer des limites à nos enfants, des limites nécessaires à tout processus éducatif. Et la gestion des activités connectées n'échappe pas à cette nouvelle donne. Elle en est même la cible privilégiée.

Mais peut-être pourrions-nous également émettre l'hypothèse que votre enfant gère déjà le problème tout seul, après tout ? Peut-être également vous affolez-vous pour peu de chose, pour une passade, un engouement intense mais passager pour ces activités connectées. En effet, vous aurez constaté qu'un jeune peut passer de longues heures sur un jeu très addictif, pour l'abandonner brutalement au profit d'une autre passion sportive ou musicale dévorante (le skate-board, la musique). Vous le verrez peut-être également s'éloigner naturellement de sa console ou de son ordinateur, à l'occasion d'une rencontre amoureuse qui, bien souvent, ne tolère que très peu de « concurrence ». Les centres d'intérêt d'un jeune ne doivent pas être vus comme figés, mais comme un magma en mouvement perpétuel.

Toutefois, si vous n'êtes pas totalement convaincus par ces quelques lignes rassurantes, je vous propose de « mettre en pause » cet épisode.

Détendez-vous un instant en participant à un petit test.

Épisode 3

Tous cyberdépendants ? Passez le test !

Attention, je précise d'emblée que le protocole ci-dessous ne relève en aucun cas d'un exercice scientifique rigoureux, ce qui tempère bien entendu la qualité des résultats obtenus. Initialement, c'est pourtant bien le test proposé par le docteur Kimberly Young en 1998 – la fameuse chercheuse américaine évoquée précédemment comme pionnière des études sur les effets de la surexposition à la connectivité. Le questionnaire comporte huit items. Je les ai repérés par huit mots-clés qui vous permettront une meilleure analyse thématique des questions posées et vous remémoreront la revue de presse précédente concernant les effets de la cyberdépendance.

Vous êtes prêts ? Encore quelques consignes :

Vous disposez de 5 minutes de lecture maximum.

Vous devez uniquement compter et retenir votre nombre de « oui ».

Soyez tranchés dans vos réponses, c'est oui ou c'est non ! En clair, pas de réponse « normandes »...

L'usage volontairement réducteur du terme « internet » sous-entend implicitement toutes les activités connectées sur smartphone (les réseaux sociaux, les jeux en ligne) et plus généralement toutes les activités connectées au net.

Si vous souhaitez le proposer à votre enfant, l'adaptation en version « tutoiement » sera certainement nécessaire, pour un meilleur « contact » entre le jeune... et lui-même ☺.

---

1. Vous sentez-vous souvent préoccupé par internet (en pensant à votre dernière activité sur le net, à votre prochaine session en ligne du soir) ?
   [préoccupé]

2. Éprouvez-vous le besoin de naviguer sur le net pendant des périodes de plus en plus longues pour être satisfait et « rassasié » ?
   [besoin]

3. Avez-vous tenté à plusieurs reprises, mais sans succès, de limiter, contrôler ou d'arrêter (seul) votre utilisation de l'internet ?
   [contrôle]

4. Vous sentez-vous fatigué, épuisé, déprimé ou irritable lorsque quelqu'un tente de limiter ou d'arrêter votre utilisation de l'internet ?
   [nervosité]

5. Restez-vous sur le net plus longtemps que ce que vous aviez prévu au départ ?
   [dépassement]

6. Avez-vous mis en danger ou risquez-vous de perdre une relation significative avec un ami ou quelqu'un de proche à cause de l'utilisation d'internet ?
   [danger]

7. Avez-vous déjà menti à votre famille (à votre femme ☺ ?) ou à d'autres personnes afin d'avoir plus de temps pour utiliser l'internet ?
   [mensonge]

8. Utilisez-vous internet pour vous évader et échapper à vos problèmes ou à des émotions négatives (abandon, culpabilité, anxiété, déprime) ?
   [évasion]

Ça y est, vous avez terminé la lecture et réalisé votre propre analyse. Trêve de plaisanteries : combien de « oui » avez-vous recensé ?

Ce petit questionnaire, initialement conçu pour des adultes, est évidemment critiquable sous bien des aspects : pertinence de certains items, redondance de certaines questions, etc. Le seuil « d'addiction » évoqué par la scientifique apparaît discutable et arbitraire. À l'origine, les sujets qui répondaient « oui » à cinq ou plus de ces questions étaient alors systématiquement considérés comme des « utilisateurs souffrant potentiellement d'une addiction à l'internet ». À partir de trois « oui » (oups, c'est déjà vous ?) les sujets étaient déjà considérés comme présentant les premiers « symptômes d'addiction ». Pour autant, j'exploite régulièrement cet outil lors de mon travail sur le terrain au contact des collégiens (et des parents). Il conserve, selon moi, le mérite d'évoquer la question de l'addiction d'une manière ludique et interactive, moins culpabilisante. L'approche de la question de la surexposition à la connectivité via cette entrée me permet de ne pas moraliser d'emblée la question. Cela conduit également à ne pas commencer le dialogue sur le sujet par une formule classique de type « tu en fais de trop ». Formule très souvent employée par les parents et qui sonne comme un jugement moralisateur et sans appel à la négociation. D'ailleurs, « trop », c'est combien exactement pour vous ? « Trop » en référence à quoi, et par rapport à qui ?

Dans le cadre de ma première approche collective de ce questionnaire sur le terrain du système éducatif (dès 2010), une grande majorité des collégiens interrogés (plus de 300 questionnaires) déclare passer plus de temps que prévu sur le net. Près de la moitié a déjà menti pour pouvoir se connecter et presque la moitié se sent préoccupée par internet. Un tiers utilise internet pour s'évader et presque un autre tiers éprouve le besoin de naviguer toujours plus longtemps. Un tiers a également déjà tenté en vain de limiter l'utilisation d'internet alors qu'un peu moins d'un tiers se sent irrité ou déprimé en tentant de limiter l'utilisation du net. On notera qu'il est rare que les collégiens mettent en danger des relations amicales à cause d'internet, alors même que sont souvent évoquées des thèses d'isolement chez les jeunes consommateurs du net. Au final, il faut retenir qu'un collégien sur trois répondra positivement aux huit questions, devenant de fait « des addicts au net » au regard de la quantification du Dr Young.

Pourtant, la question est subtile et ce « chiffon rouge » du « tiers d'enfants déjà *accros* », bien qu'il ait très tôt éveillé ma curiosité de chercheur, ne me semble que trop facile à agiter. La frontière entre l'addiction et la dépendance mérite d'être manipulée avec beaucoup de précautions. Selon le professeur Christian Lüscher[1], neuroscientifique à la renommée mondiale, chercheur à l'université de Genève, « on parle de dépendance lorsqu'on souffre du syndrome de sevrage à l'arrêt brusque de la consommation. Alors que l'addiction est la consommation excessive d'une substance en dépit des conséquences néfastes ». Il convient toutefois de préciser que, chez les jeunes sujets, les centres d'intérêt sont en effet en pleine construction et en perpétuelle mutation.

1. Consultation en ligne : https://www.unige.ch/medecine/neuf/en/research/grecherche/christian-luscher/publications/

Il ne s'agit pas d'assener que « tous les jeunes sont accros à internet ». Mais force est de constater que certains d'entre eux le sont véritablement, et plus que d'autres. Ce parfois à l'échelle d'un même foyer, voire d'une même fratrie. La question mérite selon moi d'être traitée avec sérieux, bien plus qu'elle ne l'a été depuis les années 2000.

Épisode 4

La voie de l'autogestion du temps connecté

Selon l'Institut fédératif des addictions comportementales (IFAC)[1], les critères diagnostiques de l'addiction à l'internet n'étant pas reconnus, il demeure très difficile d'établir une forme de diagnostic clinique. Pour autant, l'IFAC fait référence aux travaux précurseurs de K. Young que l'on retrouve dans les items suivants. Elle préconise donc elle aussi les fameux huit « symptômes repères » :

- La préoccupation permanente à propos des activités connectées.
- Le changement d'humeur lorsqu'on essaie d'arrêter l'usage de l'internet.
- Le besoin d'augmenter le temps passé sur internet.

1. Consultation en ligne : https://www.ifac-addictions.fr/la-cyberdependance.html

- Les efforts pour arrêter l'usage d'internet sans y parvenir.
- Le besoin de rester en ligne plus longtemps que prévu.
- Les mensonges à des proches à propos de sa durée d'utilisation d'internet.
- La mise en danger de relations affectives au profit de l'usage d'internet.
- L'usage d'internet pour permettre d'échapper à des problèmes ou de soulager un mal-être.

L'institut confirme également que les études chiffrées concernant le nombre de « cyberdépendants » en Europe sont tout aussi polémiques, présentant un écart significatif de 1 à 18,7 % selon les enquêtes[2]. Vous l'aurez compris, le sujet fait débat… Même la très officielle Mildeca[3] (Mission interministérielle de lutte contre les drogues et les conduites addictives) ne reconnaît à ce jour que le jeu pathologique (jeux de hasard et d'argent) comme cliniquement responsable de cas de dépendance comportementale. Nous voilà donc tous scientifiquement rassurés, la connectivité numérique ne serait pas une drogue. Ouf…

Pour autant, plus de dix années de rencontres et d'échanges avec les jeunes, au sein de nos collèges et de nos lycées, me conduisent à ce constat : celui d'une montée en puissance progressive et inexorable de ce que je m'autorise

2. Pontes H.M., Kuss D.J., Griffiths M.D. « Clinical psychology of Internet addiction : a review of its conceptualization, prevalence, neuronal processes, and implications for treatment », *Neurosci Neuroecon*, 2015, 4, p. 11-23.
3. Consultation en ligne : https://www.drogues.gouv.fr

désormais à décrire comme une forme de « radicalisation numérique ».

Deux pistes pour prévenir des formes de « radicalisation numérique juvénile »

Il convient tout d'abord de manipuler avec précaution le terme de « radicalisation ». D'autant qu'aujourd'hui, le terme semble quasi systématiquement associé à la problématique du djihadisme. Pour vous en convaincre, faites simplement une recherche sur Google et constatez la tonalité, voire l'orientation religieuse des résultats obtenus.

Cependant, le terme revêt bien d'autres dimensions dans sa signification originale. Lors d'un colloque scientifique organisé par le Conseil intercommunal de surveillance et prévention de la délinquance (CISPD) de la Sarthe (2016), j'ai choisi d'évoquer les différents champs que peut investir le spectre de la radicalisation : la politique, l'alimentation ou encore la sexualité. En effet, selon notre dictionnaire de référence, *Le Grand Robert*, se radicaliser signifie « raidir, durcir sa position ». L'Académie française rappelle, quant à elle, qu'il s'agit d'un mouvement idéologique consistant à pousser une idée ou un point de vue à l'extrême pour « devenir intransigeant ». De fait, quelles que soient ses significations, le mot sous-entend un *enracinement*, étant entendu que radicaliser est issu du latin *radix*, qui signifie la « racine ». En cela, l'expression de *radicalisation numérique* me semble appropriée pour tenter de décrire l'emprise que les dispositifs connectés prennent progressivement sur certaines jeunes ainsi que sur certains jeunes que les modifications comportementales qui peuvent en découler. À court ou moyen terme, un sujet pris dans l'engrenage des effets du processus de radicalisation se coupe de ses repères extérieurs. Il ne vit plus que pour « sa cause » et ne trouve de sens à sa vie que par elle. Cette emprise (sur les idées, sur les affects du jeune) est à différencier de la prégnance (importance du temps passé) des outils connectés, décrite précédemment. Le smartphone, les jeux vidéo, la tablette et toutes les formes d'activités connectées vendent la promesse d'un monde meilleur grâce à internet. L'humanité s'est dotée d'un internet auquel elle semble vouer un véritable culte, au point que le sociologue Philippe Breton[4] n'hésite pas (dès 2001) à évoquer les « fondamentalistes d'Internet » et ce qu'il perçoit comme les prémices d'une « nouvelle religiosité ».

Qui n'a jamais prononcé la phrase (devenue culte) : « Attend une minute, je vais vérifier l'info sur internet… » ? Se pourrait-il que, *biberonnés au numérique*, les jeunes (et les moins jeunes) témoignent à l'avenir d'une confiance aveugle dans le réseau des réseaux ? Et ce, malgré les récents efforts des scientifiques et des journalistes pour lutter contre les fausses informations (*fake news*). Google est devenu en seulement quinze années le garant de la réponse à tout, ou tout au moins celui qui livre à nos enfants une réponse, satisfaisante ou non. Comment dès lors pourrait-on imaginer se passer un seul instant de ses précieux services ? Comment reprocher à son enfant de ne pas savoir patienter

4. Breton Philippe, *Le culte de l'Internet. Une menace pour le lien social?*, La Découverte, « Sur le vif », Paris, 2000.

pour attendre la réponse à sa question, alors qu'il dispose d'un précepteur permanent et personnalisé ?

Le flux numérique ne tolère ni le vide, ni la rupture. Désormais, votre enfant non plus

Vous semble-t-il envisageable que l'internet vous réponde : « Désolé, je n'ai pas de réponse à vous donner », ou « Revenez plus tard, je suis trop occupé pour vous répondre. » Pire encore : quel enfant pourrait se satisfaire sur le net d'un Google répondant ainsi à sa requête : « Bah, en fait, désolé… je ne sais vraiment pas. » C'est précisément le *syndrome de la réponse abusive* qui rend accros nos jeunes au net, dans le sens où même sans être certain d'avoir véritablement compris la question de votre enfant, l'internet va lui répondre, vaille que vaille. La réponse est dite « abusive » dans le sens où il est bien évidemment « abusif » de penser qu'un système puisse répondre obligatoirement à toutes vos interrogations et proposer une réponse pertinente à toutes vos demandes. Il vous proposera inévitablement un lot de réponses approximatives, souvent éloignées de votre question initiale. Mais peu importe, en fait, du moment qu'il répond. C'est précisément cet effet de *permanence de l'écoute* qui séduit le jeune public, un service qu'aucun parent humainement constitué n'est évidemment en mesure d'assurer, surtout en « mode H-24 ». Idem pour la mise en relation avec ses amis. Là encore, les réseaux sociaux proposent du 24 heures sur 24, les affranchissant *de facto* de toute limite géographique et temporelle.

Dès lors, toutes les conditions de la dépendance me semblent installées et la « coupure avec le service » devient inenvisageable.

L'addictologie traite du rapport pathologique qu'un sujet entretient avec une substance ou un comportement. De toutes mes lectures portant sur les diverses méthodes employées par les addictologues pour traiter les formes de dépendance auxquelles l'homme peut se confronter, je ne vais retenir que les deux facteurs qui me semblent dominants : la rupture et le comptage.

Analyser la mise en rupture

Tant qu'un sujet demeure sous l'effet de la substance qui alimente sa dépendance, il est délicat d'évaluer l'importance de cette dernière. La phase de mise en rupture, ce moment précis où l'on va ôter au sujet la source de sa matière addictive (que ce soit une substance ou non), révèle des analyses riches et instructives pour l'observateur clinicien.

Parents, éducateurs, c'est précisément *ce moment de la rupture* avec la connectivité qu'il convient de surveiller, très finement et très régulièrement. Un peu comme on prend la mesure de l'eau d'une piscine pour en contrôler avec attention et en permanence la teneur autorisée en chlore.

Votre effort de vigilance *se situe très exactement à cet instant précis*, celui de la *déconnexion*. Bien entendu, ne vous attendez pas à ce qu'une injonction du type « arrête de jouer à ton jeu vidéo et va faire tes devoirs » déclenche chez votre enfant une « holà » de satisfaction ! Mais vous êtes certainement les mieux placés pour étudier les réactions de votre progéniture, les plus qualifiés pour étudier la stabilité des différents symptômes qui vont découler de votre requête.

S'agira-t-il d'un amical :

— Attends encore une minute, j'ai presque terminé ma partie, ***accompagné d'un léger geste de supplique ?***

Aurez-vous le droit à :

— J'en ai marre, on avait dit que je pouvais en faire au moins une heure !, ***sur un ton déjà plus agressif ?***

Découvrez-vous pour la première fois des réactions de colère ? :

— C'est vraiment pas juste, avec vous j'ai jamais le droit d'en faire ! Tous mes copains ont le droit et pas moi. Je vous déteste. C'est vraiment nul ici ! ***Le tout agrémenté de gestes inhabituellement menaçants, voire violents (chez votre enfant plutôt doux et calme en d'autres circonstances)...***

Le numérique et la connectivité chez les enfants s'apparentent selon moi à la pratique de la peinture sur certaines surfaces : elle « adhère » plus ou moins. Certains supports ne font en effet pas bon ménage avec certaines formules chimiques de peinture. Vous aurez beau passer trois ou quatre couches successives, pas moyen de la faire adhérer. *A contrario*, au moindre contact, certains types de peinture adhèrent parfaitement avec certains types de matériaux. Cela pourra être le cas avec votre enfant et ses activités numériques connectées. Soit il passera plutôt « à côté », soit la chimie opérera et « l'adhérence sera parfaite et immédiate ».

Ici réside toute la difficulté de votre travail d'analyse. Vous n'aurez pas manqué de remarquer que, d'un enfant à l'autre et parfois dans la même fratrie, les effets de la mise en relation avec les outils numériques et les dispositifs connectés peuvent différer du tout au tout. C'est en ce sens que les repères et les règles ne peuvent être absolus, voire dogmatiques. La célèbre formule désormais culte « pas d'écran avant 3 ans » portée par le psychiatre et spécialiste des écrans Serge Tisseron, demeure pertinente. Pour autant, proposer des repères et des préconisations horaires clairement établis (tant d'heures par jour et à tel âge) tout au long de l'enfance me semble déjà un peu plus risqué.

Pour un plus juste dosage, peut-être serait-il nécessaire de prendre le temps d'aider nos jeunes à « compter » ?

Réinvestir le comptage

Compter permet de prendre conscience de la quantité. Ce qui pourrait être une lapalissade, prend tout son sens dans un processus de tentative de lutte contre toutes les formes de dépendance qui nous guettent, avec ou sans substance d'ailleurs. Être accro, c'est toujours « en faire de trop » : « Je suis accro au chocolat, j'en mange de trop ! » Mais l'imprécision de ce « trop » ne permet-elle pas de justifier bon nombre de vos écarts ?

En ce qui concerne notre préoccupation, à savoir la *surexposition juvénile aux outils connectés*, rares sont les approches qui mettent en avant cette notion du comptage. Dans une forme d'inconscient sociétal collectif, forgée et relayée par tous nos médias, le numérique s'érige en paradis de l'illimité, en monde de « l'inquantifiable ». L'univers des *big data* disposerait ainsi de capacités de stockages et de réserves de données difficilement évaluables par le quidam moyen, tant elles dépassent l'entendement humain.

Le message mystificateur est tel que ce monde numérique, bâti sur des milliards d'octets informatiques (et donc parfaitement quantifiable), semble avoir progressivement ôté à notre jeunesse hyperconnectée une précieuse notion, celle de la quantité. Stocker une matière physique (des bonbons dans une poche) s'impose comme un problème simple qui se heurte rapidement à des limites matérielles et spatiales claires. Stocker des données numériques n'est en revanche plus un problème : il suffit de les publier sur Internet, il y a toujours de la place !

Fort de ces constats, je me suis attelé à cette problématique de la quantification des temps de connectivité juvénile, tout au long de mes conférences pédagogiques dispensées auprès de plus de 15 000 jeunes par an, sur le terrain des collèges et des lycées français.

Compter en « mode manuel » : le classique tableau d'auto-évaluation horaire

Prendre le temps de faire le point sur la durée que nous consacrons aux diverses activités de notre vie peut être ludique. Selon le *Readers Digest*, les hommes passeraient près de 3 000 heures (ou 125 jours) à se raser dans une vie… et presque 26 années à dormir ! Il faut prendre le temps, avec son enfant, d'évaluer le temps consacré aux activités connectées. C'est une tâche importante, pour lui, pour vous. Les petits tableaux ci-après vous proposent une base de travail, avec lui. Mais attention, il s'agit avant tout d'une *autoévaluation,* ce que je pourrais qualifier comme une mesure de son « ressenti temporel connecté ».

En aucun cas vous ne devez être à ses côtés (pas plus que derrière lui !) lorsqu'il prendra le temps de remplir les petits tableaux ci-dessous. Sinon, comment pourrez-vous vous retenir de lancer une petite phrase (assassine) et contre-productrice telle que :

— Ah non, je ne suis pas d'accord avec toi, le mercredi tu en fais souvent beaucoup plus !

Que les choses soient claires, il s'agit d'une autoévaluation menée par l'enfant lui-même, libre et non dirigée.

La consigne :

Par jour, j'écris le temps que JE pense passer devant internet (sur mon ordinateur, ma tablette, mon téléphone portable, ma console de jeux, etc.).

N.D.A. : Si l'enfant vous demande des explications sur ce que vous entendez par « sur internet », vous pouvez traduire la consigne par « faire des recherches sur Google, discuter sur les réseaux sociaux, regarder des vidéos sur YouTube, jouer à des jeux en réseau, faire du téléchargement légal (ou illégal !), etc. »

Pendant la semaine, en période scolaire :

	Avant et après le collège *
	Consommation Internet (en heures)
Lundi	
Mardi	
Mercredi	
Jeudi	
Vendredi	

* À adapter au niveau « école/collège/lycée ».

Le week-end, en période scolaire :

	Le matin	De 13 heures à 19 heures	Après 19 heures
	Internet	Internet	Internet
Samedi			
Dimanche			

Vous pourrez également lui proposer un second tableau, destiné à la consommation connectée durant une semaine type de congés scolaires.

N.D.A. : Prévoyez une calculette scientifique pour les résultats. Certains calculs risquent fort de dépasser les doigts d'une main, en total cumulé ☺.

Durant une semaine de vacances scolaires :

	Le matin	De 13 heures à 19 heures	Après 19 heures
	Internet	Internet	Internet
Lundi			
Mardi			
Mercredi			
Jeudi			
Vendredi			
Samedi			
Dimanche			

Vous remarquerez que l'étude ne porte que sur les temps « connectés ». Bon prince, je leur « fais grâce » des moments de télévision, cet écran « passif » qui n'entre pas dans mes critères liés à l'étude de leur connectivité. Bien entendu, les résultats de ces petits tableaux ne seront que déclaratifs. Ils ne constituent rien d'autre qu'une base de discussion, une fragile passerelle pour entamer un véritable dialogue avec le jeune, un échange plus constructif. À la différence de votre fameuse formule « tu en fais trop » (évoquée précédemment) , cette démarche pourra conduire à initier ensemble votre politique d'éducation familiale au virtuel, à mieux définir (vous et lui) un nécessaire *contrat horaire.* Et cette prise de conscience du temps passé devant les activités connectées se fera désormais sur des bases chiffrées. Ce sera certainement plus objectif (et productif) que de faire systématiquement référence « au petit voisin d'en face qui en fait moins » – de votre côté – ou au « meilleur copain de sa classe qui en fait plus » – du sien…

Compter en mode automatique : exploiter les applications de « veille temporelle » des activités connectées

Avec son système iOS 12, la firme Apple marque des points. Elle propose, en natif dans les fonctionnalités de ses téléphones, un innovant dispositif de suivi de vos activités connectées. Baptisé « temps d'écran », l'outil promet de vous aider à « décrocher de votre iPhone ». Pour y accéder, ouvrez les Réglages, et entrez dans le menu « Temps d'écran ».

Dans le rapport du jour, vous trouverez un graphique de répartition de l'utilisation de votre iPhone à différents moments de la journée. Vous pouvez ainsi savoir, heure par heure, combien de temps vous avez utilisé votre appareil. Revenez sur la fenêtre principale de « Temps d'écran » et entrez dans le menu « Temps d'arrêt ». Cette fonctionnalité vous permet de paramétrer une plage horaire durant laquelle seules certaines applications et les appels téléphoniques seront utilisables. Vous l'aurez compris, certains parents se sont rapidement emparés de cette fonctionnalité pour tenter de l'exploiter en mode « logiciel de contrôle parental ». La réponse juvénile ne s'est pas fait attendre et la question « comment contourner le verrouillage de temps d'écran sur iPhone ? » fourmille de bons conseils et d'astuces diverses pour « libérer » l'engin de cette pesante pseudo-contrainte parentale !

Vous êtes des amis du système Android, ou allergiques à l'agaçant « côté tendance » des téléphones de la firme à la pomme ? Rassurez-vous, de nombreuses applications similaires à « Temps d'écran » existent. Il vous suffit de saisir les mots-clés « application - contrôle - temps » dans le « Google Play Store » et vous trouverez votre bonheur, auprès de dizaines de produits aux fonctionnalités quasi identiques, souvent gratuitement. Le dispositif « bien-être numérique » du système Android 9 (version « Pie ») s'est également doté de cette option de suivi détaillé de votre connectivité. Vous le constatez, le numérique se soucie désormais du bien-être des humains, vous voilà à nouveau rassurés.

Vous l'aurez compris, je vous recommande une approche alternative pour tenter de lutter contre les excès de la connectivité. Une approche autre que celle du traditionnel jeu du « chat et de la souris » consistant à vous battre « contre », épuisant combat que vous menez vainement depuis des années. Car le vieux matou que vous êtes a de grandes chances de s'essouffler plus rapidement que vos souriceaux, à l'ingéniosité débordante. J'ose pourtant croire que ces petits outils de « veille temporelle de la connectivité » pourront servir à vos enfants (tout comme le tableau présenté ci-avant) de révélateur des pratiques excessives. Ils représentent une forme de levier de prise de conscience du « trou noir spatio-temporel numérique ». En effet, si l'on n'y prend garde, les activités connectées engloutissent les journées entières de certains jeunes, comme anesthésiés et incapables de mesurer seuls le *ratio* de temps de vie qu'ils y consacrent.

Je ne distingue en effet pas beaucoup d'autres issues que celle qui consiste à tenter de déclencher chez eux, alors même qu'ils sont en perte de repères temporels, une forme de *prise de conscience raisonnée* de ces consommations excessives. Certes, la lecture des chiffres (parfois pharaoniques !) des résultats de leur connectivité hebdomadaire pourra engendrer, tout du moins dans un premier temps, un fou rire nerveux des plus provocateurs. Il sera même accompagné d'une formule du type : « 40 heures par semaine seulement ! Je m'attendais à bien plus… » Mais personne ne m'ôtera de l'idée que ces données chiffrées temporelles traceront quelque part leur chemin au sein de ces jeunes esprits. Personne ne m'ôtera de l'idée qu'elles sauront résonner, tôt ou tard, comme des « marqueurs » plus dérangeants que drôles. Lors d'une conférence à Annecy, j'ai demandé à deux collégiennes de classes de quatrième, sélectionnées au hasard dans un amphithéâtre de près de 300 élèves, de monter sur scène pour afficher volontairement le rapport hebdomadaire de leur dernière semaine d'activités connectées sur leurs smartphones. Voici les photographies de leurs relevés de connectivité :

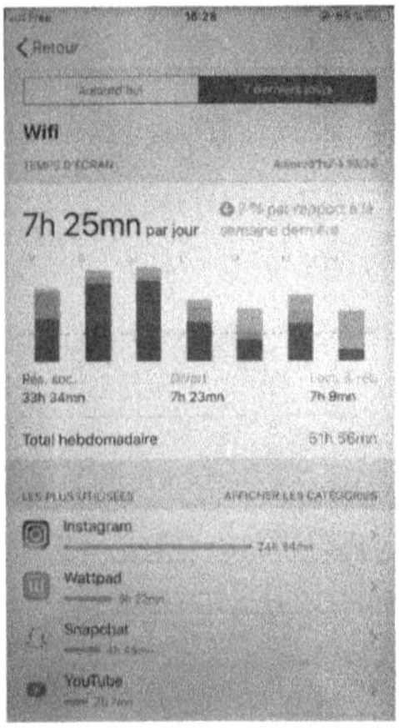

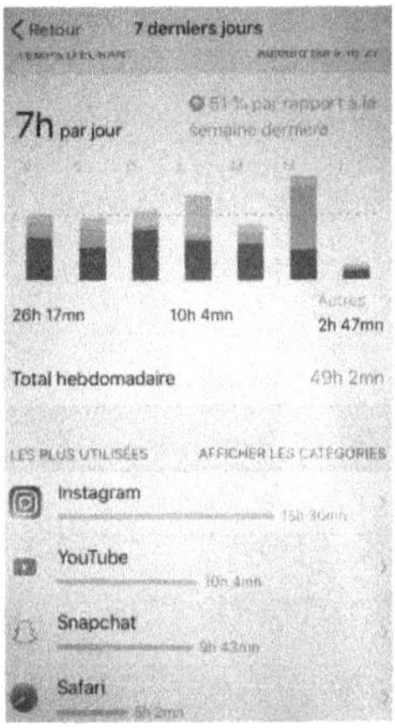

Consommation hebdomaire de connectivité chez une jeune fille de niveau 4e (51 heures).

Relevé « temps d'écran » d'une deuxième élève de la même classe (49 heures / semaine).

Visiblement contrariées à la lecture de ces données, elles avoueront avec un sourire gêné : « En fait, on n'avait jamais vraiment fait attention à ce truc-là avant votre conférence. Ça fait beaucoup, tout de même ! »

Certains (avec mauvaise foi) rétorqueront que je n'ai pas eu de chance, ou que je suis tombé par hasard sur les deux plus grosses consommatrices de la salle. Un accord avec plusieurs établissements me permettra de conduire prochainement une étude étendue, en exploitant les données horaires de ces précieux relevés. Je précise que ce système de relevé est encore très loin d'être parfait, puisqu'il comptabilise des heures où l'application reste active sans la présence physique de l'utilisateur devant l'écran. Son couplage avec une technologie de reconnaissance faciale, à l'instar de celle qui permet de déverrouiller nos écrans sur certains smartphones, permettrait de rendre les données du dispositif plus fiables.

Au-delà de l'interdiction systématique et du contrôle autoritaire, je préconise de songer un peu moins à la voie de l'interdiction et de la restriction, et un peu plus *au chemin de l'autoévaluation des temps connectés.* Il y a dans cette voie, selon mes préconisations, les prémices d'un apprentissage progressif et raisonné à la gestion personnelle de notre quantité temporelle connectée.

Songez également que le collégien à qui vous dites toujours « non » se transformera tôt ou tard en un lycéen déjà plus rebelle. Puis, il deviendra ce jeune de 18 ans pouvant argumenter fièrement :

— Je m'en fiche de tes conseils sur le temps connecté. Je suis majeur, j'en fais quand je veux, maintenant.

C'est cela aussi, prendre en main l'éducation au virtuel de ses enfants. Penser qu'un jour, ils seront seuls face à ces écrans connectés, bien loin de vos restrictions et libres de leur temps.

SAISON IV

Génération Narcisse : quel impact identitaire ?

« Le meilleur miroir est l'œil d'un ami. »

Proverbe gaélique

Une question se pose maintenant, légitimement : mais pourquoi un tel engouement de notre jeunesse pour ces objets numériques connectés ? Après tout, personne ne les oblige à utiliser Snapchat, Instagram ou les jeux vidéo… Et d'ailleurs, pourquoi n'y êtes-vous pas aussi sensibles, vous, parents ou éducateurs ? J'ai abordé lors de la saison dernière la question de « l'adhérence au numérique », certains jeunes se révélant plus sensibles et plus perméables que d'autres aux problématiques de la surexposition à la connectivité. La question ne pourrait se traiter pleinement que par l'étude d'un complexe faisceau de paramètres, combinant les champs de l'éducation, de la psychologie, de la sociologie ou encore de l'économie des médias.

Je vous propose de concentrer votre attention, lors de cette quatrième saison, sur trois items susceptibles de servir *d'inducteurs de problématisation*. Ces trois éléments de réflexion me paraissent déterminants pour vous aider à mieux cerner la délicate question des effets pervers liés à cette précocité de la connectivité juvénile.

Épisode 1

Mon enfant est un autre : ses avatars et lui

Peut-être n'avez-vous pas la même chaîne de télévision que moi ? Personnellement, je regarde régulièrement la chaîne du « dépressif en boucle », BFMTV ! Si vous souhaitez déprimer, si vous voulez à tout prix ne pas vous sentir bien dans votre vie, 30 minutes d'informations télévisées par jour suffisent. Vous le savez, TOUT va mal et de mal en pis. L'écologie, l'économie, la politique, rien ne va plus ! On nous présente une « fin du monde imminente », programmée et inéluctable. Fervent amateur des documentaires animaliers, je zappe pour tenter d'échapper à la morosité informationnelle. Mais à peine ai-je le temps de me détendre devant un très beau reportage sur les ours polaires, que le commentateur me gâche déjà mon plaisir contemplatif. « Regardez-le bien, c'est bientôt le dernier de son espèce », assène-t-il en me montrant les images d'une pauvre bête, flottant sur un minuscule morceau de glace à la dérive.

Réfléchissons un instant à ce que l'on donne à voir à tous nos enfants, eux aussi exposés à ces signaux « d'angoisse médiatisée ». L'image d'une terre triste, perdue et sans avenir.

Les mondes virtuels massivement multijoueurs : une culture commune, gratifiante et rassurante

Comment s'empêcher de penser que les univers virtuels ludiques interactifs, les fameux jeux vidéo de nos enfants, ne puissent pas représenter pour eux une formidable forme d'échappatoire ? Un précieux refuge où l'on pourrait tenter de « mieux vivre », quitte à ce que cela soit sous la forme d'un avatar ? Le réalisateur Steven Spielberg, dans son film *Ready Player One*, projette notre jeunesse dans une « oasis numérique » bien plus accueillante que la planète Terre dépeinte comme déjà totalement hostile et au bord du chaos… seulement en l'an 2045.

MMORPG, *Metavers* ou *Sandbox*, quelques acronymes (dont je ne vous donne volontairement pas ici la signification : vous irez la chercher sur le net) suffisent bien souvent à vous perdre, à distancer des parents et des éducateurs qui n'ont jamais pris le temps de s'initier (ou même de s'intéresser) à ces innombrables dispositifs de jeux virtuels que l'on qualifie parfois de *persistants*. En pleine coupe du monde, le joueur de football Antoine Griezmann esquisse un petit geste de la main, digne des plus parfaits saluts de la reine Elizabeth II. Ce geste n'est en fait rien d'autre que le fameux « salut royal », en référence à un des personnages du phénomène planétaire du moment, le célèbre jeu vidéo *Fortnite*. Naguère connues sous les noms de *Dofus* ou de *World of Warcraft*, les plates-formes vidéoludiques à succès se suivent et se ressemblent. Qu'il s'agisse de lutter pour sa survie au sein de l'un ou de l'autre de ces univers, le principe repose sur la même base : devenir « un autre », le temps d'une partie connectée. Oubliés les soucis terrestres et les problématiques d'écologie mondiale ! Que vous tiriez sur des monstres ou sur de dangereux terroristes, seule compte votre survie. Et plus rien d'autre n'a d'importance. Pas même ce bon repas préparé avec amour par vos parents attentionnés, qui crient désespérément (mais dans le vide) la formule consacrée : « À TABLE ! »

Quand le « temps réel » entre en concurrence avec le « temps virtuel »

Mais il est déjà trop tard, le temps réel est entré en conflit, que dis-je, en concurrence, avec le temps virtuel. Plutôt que de continuer à vous égosiller dans votre cuisine, je vous propose de prendre un temps de recul, celui d'une rétrospective en trois étapes.

1. À une époque où vous, parents et éducateurs, étiez encore en culotte courte, la partie de Monopoly commencée avant le repas ne posait pas tant de

problèmes. Bien entendu, un ou deux de ces « à table » injonctifs étaient souvent nécessaires pour vous faire rejoindre la tablée familiale. Mais, une fois le repas commencé, le jeu que vous aviez commencé pouvait se mettre à l'arrêt.

2. Les plus jeunes d'entre vous ont également tenté de débuter une petite partie de jeu vidéo sur le PC familial juste avant un repas. Pour autant, une simple commande « enregistrer sous » leur a permis de sauvegarder leur partie. Là encore, le jeu était à l'arrêt pendant votre absence, tout au moins le temps de vous sustenter.

3. Les univers vidéoludiques persistants, eux, ne s'arrêtent jamais. Pas de pause, pas de temps morts, aucun répit. Leurs mondes évoluent en permanence. Si vous les quittez, vous ne les retrouverez jamais plus tout à fait comme avant. Les cartes, les joueurs, les armes et même vos amis, rien ne sera plus vraiment comme avant, avant cette horrible coupure du repas. C'est en ce sens que le temps virtuel (le temps des activités fictionnelles) représente une forme de concurrence face au temps réel (le temps actuel)… et *vice versa* bien entendu.

Ajoutons à cela que les sujets que nous étudions sont des enfants, vos enfants. Freud, Piaget, Winnicott, Montessori, la liste des psychiatres, médecins et pédagogues qui ont tous démontré le rôle et l'importance du jeu dans le développement de l'enfant ne saurait tenir en un seul ouvrage. Lorsque vous êtes un enfant, jouer est une activité très sérieuse ! Et je ne vous parle pas de ces fameux « *serious games* », pure invention d'adultes destinée à faire penser aux enfants qu'il serait tout aussi sympathique de travailler en jouant… plutôt que de simplement jouer pour jouer. Les MMORPG et autres mondes persistants reposent sur un principe fort et unifiant, celui de la communauté. La *guilde*, le *clan* ou la *team* représentent une entité coopérative, un microcosme de la plus haute importance pour les joueurs. Dès 1988, soit aux balbutiements de l'internet, le jeu *Netrek* était un des premiers univers de stratégie et de science-fiction en temps réel disposant d'une communauté structurée de joueurs interconnectés. À ce propos, les travaux de Pierre Levy[1] pourront vous éclairer sur ce que le chercheur décrit comme le « collectif intelligent », ces nouveaux moyens de communication qui permettent aux groupes humains de mettre en commun leur imagination et leurs savoirs. Car appartenir à une communauté de joueurs en ligne n'est ni sans conséquence… ni sans contraintes.

Le psychologue clinicien Julien Léon[2] a étudié avec attention la phase critique de la déconnexion, ce moment précis où votre enfant doit quitter le cyberespace illimité pour retrouver les limites terrestres et physiques de sa

1. Lévy Pierre, *L'intelligence collective : pour une anthropologie du cyberespace*, La Découverte, Paris, 1997.
2. Léon Julien, « Du corps virtuel des jeux vidéo au corps de la réalité chez l'adolescent », *Psychothérapies*, 2015/2 (Vol. 35), p. 99-106.

chambre. Ce moment précis où il ne peut plus ignorer votre quatrième « à table ! » consécutif, redoutant la punition qui consisterait certainement à le priver encore plus de ses précieuses activités ludiques connectées. Au travers de la console des discussions entre joueurs, en temps réel, vont s'engager alors de drôles de pourparlers avec la guilde, cette communauté de joueurs de la même équipe, qui partagent les mêmes aventures :

— Les amis, je dois décrocher pour aller manger. Mes parents m'appellent.
— Impossible, tu ne peux pas te déconnecter maintenant ! Tu es l'Orc le plus puissant de l'équipe, celui qui va tous nous défendre dans les bois – *virtuels, bien entendu* ☺.
— À table !, *crient, une toute dernière fois, les parents agacés…*

Qui n'a pas le souvenir de ce jeune qui arrive dans la cuisine, en traînant la savate ? Pensez-vous qu'il soit « avec vous », assis là, se pressant d'engloutir sa pizza, dans l'unique espoir de retourner le plus vite possible au combat pour sauver son équipe. Une fois « libéré » de cette galère nutritive, sa réaction consistera certainement à se ruer derrière son écran, pour tenter de rallier ses frères d'armes. Trop tard ! Il est *banni* de la guilde. C'est la sanction ultime pour les *gamers*. Il y a de fortes chances que votre enfant réapparaisse dans la cuisine, dépité, pour vous en faire le reproche : « Je suis banni de la guilde… »

C'est à ce moment précis que bon nombre de parents enfoncent définitivement le clou, naïvement : « Ce n'est pas bien grave, mon chéri, tu en referas un autre, de bonhomme. »

Par cette petite phrase assassine (que dis-je, totalement irresponsable ☺), vous venez de creuser *définitivement, irrémédiablement*, le fossé numérique qui vous sépare de lui. Vous venez surtout de lui signifier votre méconnaissance, interprétée comme du mépris, pour cette activité qu'il pratique à longueur de journée, en lui assenant de telles sottises. Car ce n'est pas un simple « bonhomme virtuel » que vous venez de condamner, de détruire (pour une pizza qui aurait très bien pu attendre et se manger froide). Une représentation symbolique de lui-même, un héros destiné à entreprendre des exploits dont il serait bien incapable dans le monde réel, vient de disparaître du cyberespace ludique et de sa vie. À tout jamais. Pour mieux vous convaincre de l'importance de la place tenue par ses avatars dans la vie de vos enfants, je ne peux que vous conseiller la lecture des travaux de recherche de Fanny Georges, docteure en sciences de l'information et de la communication et éminente spécialiste de la question de la représentation de soi et de l'identité numérique.

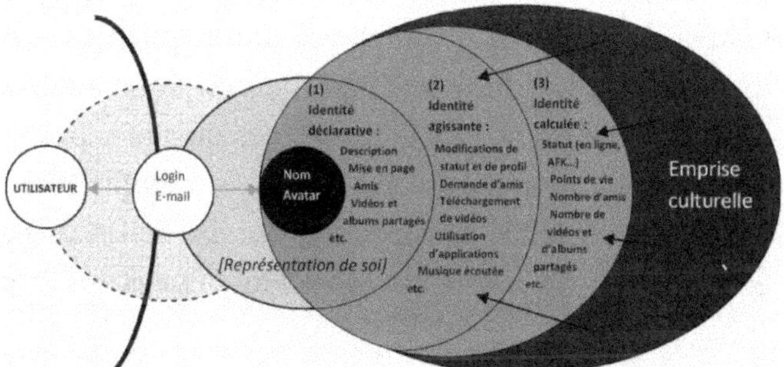

L'avatar (celui que vous venez d'occire par ignorance) se définit comme l'ensemble des signes que le sujet (votre enfant) saisit lui-même pour se représenter. Cette « représentation de soi » que vous avez contribué à détruire représente bien plus qu'un simple « personnage pixélisé ». C'est pour lui un micro-deuil, certes symbolique et temporaire, mais un deuil tout de même. À cet ensemble de phénomènes montrant la difficulté éprouvée à quitter ces univers virtuels persistants, je suis tenté d'ajouter ce que l'on nomme « l'effet Zeigarnik », en référence au psychologue russe du même nom. Bluma Zeigarnik, alors assis à la terrasse d'un café, remarqua que les serveurs mémorisaient parfaitement les commandes tant qu'elles n'étaient pas servies. Une fois servies, ils les oubliaient tout de suite. Une fois l'action achevée, une fois la partie terminée, il est donc d'autant plus facile pour l'enfant de « passer à autre chose ». Ce qui n'est évidemment pas possible avec ces dispositifs qui sont pensés pour ne pas vraiment avoir de fin signifiée ou dont les parties, tel le mythe de Sisyphe, s'enchaînent à l'infini.

Que mes propos soient clairs. Ni procès d'intention ni reproches pour des parents ou éducateurs allergiques aux jeux vidéo. Ou pour tous ceux qui ne ressentent vraiment aucun plaisir à agiter des avatars sur un écran. Il s'agit seulement de prendre la mesure de l'abîme qui sépare deux cultures, la vôtre et la leur. Peut-être cela vous aidera-t-il à prendre conscience de la nécessité des quelques pas qu'il vous suffirait de franchir, pour mieux comprendre les enjeux sous-jacents à la pratique des mondes persistants que les adolescents investissent parfois à longueur de journée.

Alors comment faire, me direz-vous ? Il faut bien qu'ils mangent ! Et si vous alliez par exemple vous asseoir un instant à ses côtés, pour partager un bref moment cet univers si particulier, cet univers qui vous indiffère tant ? Mais nous reparlerons plus en détail de cette nécessaire posture immersive, dans la toute dernière saison, celle qui me permettra bientôt de vous exposer en dernier lieu quelques postures réflexives et diverses pistes de remédiation.

Épisode 2

Mon enfant est célèbre. Mais à quel prix ?

Vous avez par ailleurs peut-être bien d'autres soucis à domicile que la gestion des jeux vidéo en ligne. D'ailleurs, le vôtre (de jeune) ne joue quasiment pas ! En revanche, il – ou elle – est complètement scotché(e) aux réseaux sociaux…

Une enquête conduite par le site d'orientation Diplomeo[1] (2019), indique que 73 % des 16-25 ans affirment utiliser Instagram et 73 % disent se servir de Snapchat. Ce « bon vieux Facebook », papy et précurseur des échanges sociaux communautaires en ligne, résiste plutôt bien (malgré son âge, car il est né en 2004). Bien entendu, sa population a tendance à migrer progressivement vers les lycéens. On constate en effet un abandon de la plate-forme chez

1. Consultation en ligne. https://diplomeo.com/actualite-sondage_reseaux_sociaux_jeunes

les collégiens au profit des deux réseaux les plus « réactifs » (« Insta » et « Snap », pour les appeler par leurs petits noms). À noter que cette étude ignore YouTube, qu'elle considère comme un média social plus que comme un réseau social. Pourtant, 44 millions de Français consultent la plate-forme vidéo YouTube chaque mois et les 25-44 ans y passeraient près de 48 minutes par jour (données de YouTube). Les plus jeunes (les moins de 13 ans) s'adonnent également au réseau social chinois TikTok, plébiscité en France depuis 2018. TikTok est une application qui permet de réaliser et de partager de courtes vidéos (souvent musicales, de type play-back, karaoké ou chorégraphie) de 15 secondes et les partager gratuitement. Décrié pour ses effets néfastes chez les mineures (notamment en matière d'hypersexualisation précoce), TikTok revêt également un caractère politique et stratégique, puisqu'il est une réponse chinoise à l'industrie américaine des réseaux sociaux. Eh oui, Instagram est interdit en Chine (tout comme Snapchat, Twitter ou Facebook). En Chine, pas de *Biberon numérique* d'origine américaine !

Réseaux sociaux et fragilité des verrous numériques : le journal intime planétaire

Dans le cas des réseaux sociaux, la notion de verrouillage est avant tout symbolisée par le mot de passe de protection des comptes personnels. Ce « verrou numérique » influe pour beaucoup dans le fragile rapport entre espace privé et espace public. La question est donc de la plus haute importance pour la sécurité de vos enfants. Peut-on réellement « publier dans un espace privé », dès lors qu'il s'agit de placer des informations parfois compromettantes sur soi-même (ou les autres) avec pour seule protection une combinaison de quelques caractères (même complexe et composée de majuscules, de chiffres et de symboles) ?

Mais publier, n'est-ce pas avant tout « rendre quelque chose public », annoncer publiquement aux autres ? Le caractère antinomique de l'action qui consiste à mettre en ligne sur des réseaux numériques publics des données d'ordre privé pourrait presque prêter à sourire. Un « journal intime planétaire », en quelque sorte... Les dommages occasionnés par la brutale « mise à l'air libre » de ces mêmes données privées posent parfois tant de problèmes à leurs propriétaires que l'heure n'est certainement pas à la plaisanterie. À l'époque de l'avènement des très controversées cryptomonnaies, jamais les coffres-forts virtuels n'ont été aussi sécurisés. Pourtant, les experts en informatique continuent à nous expliquer que rien n'est inviolable en matière de sécurité informatique. La faille demeure, tant que l'humain demeure quelque part un acteur du circuit. Ne serait-ce que par un simple « abus de confiance », on peut (avec quelques compétences en programmation) mettre au point des dispositifs de « *phishing* » (hameçonnage ou filoutage) pour récupérer les mots de passe des utilisateurs. La blague favorite des informaticiens consiste à dire : « En micro-informatique, 99 % des problèmes sont situés entre le clavier et la chaise... »

Utilisée lors de mes séances pédagogiques de prévention des dangers d'internet auprès des jeunes, cette technique de « *hacking* » (piratage) informatique qu'est le *hameçonnage* s'est révélée des plus efficaces, pour peu qu'elle soit utilisée à des fins pédagogiques et de manière très strictement contrôlée. En « temps réel », la manipulation consiste à me glisser momentanément dans la peau d'un pirate informatique – un *hacker*. Un jeune collégien accepte volontairement de monter sur la scène pour se connecter à son compte Instagram (ou Facebook au lycée). Il commence à saisir ses identifiants secrets, absolument certain d'être protégé par les rassurants et familiers « petits points ». Ils sont les garants de la confidentialité d'affichage de son précieux mot de passe, aux yeux de ses nombreux camarades présents dans la salle. Il me suffit alors de lui demander, juste avant qu'il ne valide sa combinaison, d'effacer son mot de passe (le bon) pour simuler volontairement une erreur de saisie (en prétextant que je souhaite lire le message d'erreur produit par la plate-forme en cas de saisie erronée). Le collégien frappe alors le plus souvent un mot courant, une couleur à ma demande. Et le piège se referme sur lui. Avec étonnement, il constate qu'il génère non pas un message d'erreur (de type « votre mot de passe est erroné », message habituellement produit par les sites en cas de mauvaise saisie) mais qu'il se trouve redirigé vers un site web lambda (celui d'une chaîne de TV en l'occurrence). Cela provoque immédiatement, dans un premier temps, les éclats de rire de l'ensemble du jeune public présent dans la salle. Dès lors, en un instant seulement, j'affiche par quelques manipulations techniques, devant les yeux médusés de l'assistance, le (second) mot de passe qu'il venait de saisir. Je lui révèle cette fameuse couleur secrète (jaune, vert, etc.) qu'il vient d'écrire à ma demande, protégé par le masquage des mystérieux « petits points ». Je lui précise alors que j'aurais pu, tout aussi facilement, afficher publiquement sa toute première saisie. Non pas la couleur de substitution, mais le véritable mot de passe initialement livré par ses soins.

Cette démonstration technique est évidemment complexe (et déconseillée) à reconduire en famille, puisqu'il s'agit « d'emprunter » un instant les techniques illégales des pirates. Je martèle pédagogiquement, en fin de démonstration, les sévères sanctions infligées à ceux qui tenteraient de réaliser réellement ce type d'action illégale dans le but de nuire à la sécurité informatique d'autrui (jusqu'à 45 000 euros d'amende et 3 ans d'emprisonnement). Pour autant, ce tour de force permet instantanément – et durablement au regard des témoignages d'anciens élèves ayant suivi ces séances – d'ébranler une certitude développée par de nombreux jeunes : l'inviolabilité des mots de passe de leurs comptes sur les réseaux sociaux. Bien entendu, ils témoignent tous d'un ami qui s'est fait « *hacker* son mot de passe ». Mais, c'est un peu comme pour les accidents de scooter, « ça n'arrive qu'aux autres ! »

Il me reste alors à abandonner le personnage du troublant « pirate » informatique pour revêtir le costume (beaucoup plus noble) du « corsaire ». Rappelons que les corsaires opéraient des actes de flibusterie sur les océans, mais uniquement au service des forces militaires du Royaume. Le « corsaire numérique » (que je représente symboliquement) serait donc au service de la « cause éducative ». Un peu comme ces experts informatiques qui mettent à l'épreuve les sécurités des serveurs informatiques, pour mieux en détecter les failles potentielles. Dérouler un discours de prévention des risques numériques en toute légitimité devient alors un jeu d'enfant. Captivés, les élèves écoutent les conseils dispensés et se prennent à imaginer les conséquences potentielles d'une telle subtilisation de leur identité numérique. À ce stade, la simple évocation que les plus inavouables de leurs photos « privées » puissent terminer devant les yeux des parents ou des professeurs les conduit bien souvent à se tourner vers leurs voisins pour chuchoter :

— Eh bien moi, ce soir, je vais faire le ménage dans mes profils...

Cette petite victoire ne mérite-t-elle pas d'être saluée? En guise de gratification, je me contenterai de cette phrase réconfortante d'un proviseur à l'issue d'une de mes séances pédagogiques avec les élèves :

— Je sais bien que ce n'est que de la prévention. Mais même un seul de sauvé, c'est toujours celui-là de gagné !

Vous avez raison, il est rare que les parents ou éducateurs soient à même de se transformer en « *hackers* pédagogues ».

Et ce n'est pas plus envisageable sur le plan technique que souhaitable sur le plan déontologique. En revanche, il vous faut retenir, sur ce point, qu'un dialogue avec votre enfant sur la *fragilité du verrou numériq*ue qui sépare les autres de ses données personnelles me paraît une action déterminante et indispensable. Il est urgent de mieux les préparer à la *porosité* des espaces numériques, publics et privés.

Je vous propose donc de soumettre votre enfant à un « petit jeu » :

« Ferme les yeux et imagine un instant que le mot de passe qui protège ton Facebook, ton Instagram ou ton Snapchat ait disparu, instantanément, du jour au lendemain. Plus de mot de passe, tout le monde peut voir ton profil, subitement. Quelles seraient les conséquences, selon toi ? »

Vous pouvez même ajouter une « classification » en trois niveaux, que vous lui déclinerez par oral :

« Dans quelle catégorie es-tu ? »

Catégorie 1 : « Ce ne serait pas un problème pour moi, je n'ai absolument rien à cacher de compromettant sur mes comptes. »

Catégorie 2 : « Ce ne serait évidemment pas souhaitable, mais pas forcément non plus un gros problème pour moi. Bon, il y a bien quelques clichés ou propos tenus que je préférerais garder secrets, mais rien de bien dramatique si tout devient public du jour au lendemain. »

Catégorie 3 : « C'est une catastrophe, je suis complètement foutu ! »

Dans ce dernier cas, demandez-lui de fermer les yeux un instant et de faire le contrôle mental de l'autoévaluation des « dégâts » potentiels sur sa vie privée. Je vous laisse seuls juges des réactions obtenues par ce mini-test. Je vous ramène également à mes conseils précédents de vigilance quant à la dégradation des symptômes détectés, surtout si vous réitérez ce questionnement sur plusieurs mois ou années.

Je vous livre maintenant un fait marquant, celui qui a très directement déclenché ma motivation à conduire des actions pédagogiques (en lien constant avec mes travaux de recherche) auprès des jeunes au sein du système éducatif.

Il y a fort longtemps, en pleine ascension du réseau Facebook (donc vers la fin des années 2000), un jeune homme se présente à mon bureau pour se rappeler à mon bon souvenir comme un de mes anciens étudiants de la troisième année de licence en sciences de l'information et de la communication que je dirige. Soudainement, son visage se crispe sur le pas de la porte et je sens les larmes lui venir.

Une fois assis à mon bureau, nous échangeons sur les raisons de sa détresse et le motif précis de sa visite :

— Voilà, j'ai terminé mes études, me dit-il, et j'ai envoyé des dizaines de CV en réponse à de nombreuses offres d'emploi.

— Je comprends, lui dis-je. Et tu n'as pas reçu de réponses positives ? Tu souhaites de l'aide, c'est pour cela que tu es venu me voir ?

— Pas du tout. J'arrive tout juste d'un entretien d'embauche sur Paris. En plein milieu de mes échanges avec un DRH, alors même que tout avait plutôt bien commencé pour moi, il a brusquement retourné l'écran posé sur son bureau pour me montrer cette terrible photo... de moi.

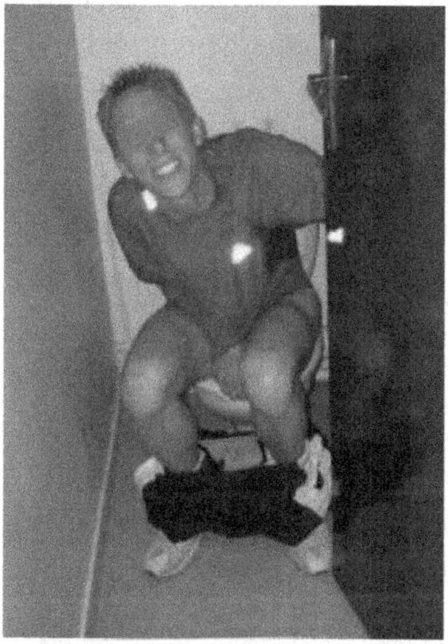

— J'ai bien tenté de lui expliquer que j'étais quelqu'un de sérieux, mais avec une photo comme ça sous les yeux, c'est mort...

Vous comprendrez que la photographie précédente n'est proposée qu'à titre d'illustration de la scène, puisée dans l'immense réservoir des « moments privés devenus quasi publics sur le net ». Elle symbolise toute la fragilité de cette frontière entre le public et l'intime sur la toile. Sortie de son contexte, extraite de sa boîte de Pandore, elle a un prix. Celui de *l'employabilité*. Certes, vous jugerez peut-être cruelle, brutale ou déplacée la manœuvre de ce professionnel du recrutement. Mais comment lui reprocher de conduire quelques investigations préalables sur le net avant de recevoir un candidat ou de prendre le risque de recruter un futur « cadre à haut potentiel » pour son entreprise ? Selon une étude menée par la CNIL, dès 2014, près de 35 % des recruteurs reconnaissent avoir déjà écarté un candidat à un emploi à cause d'une *e-réputation* jugée négative.

Prenons garde, car la définition de notre réputation personnelle en ligne commence (malheureusement) parfois dès la naissance. Que dis-je, peut-être en amont, si vous êtes de ces mamans « branchées » qui participent librement à ces concours de la plus belle échographie publiée sur le net ! Voici un de ces « fœtus *stars* », ces bébés qui sont déjà « twittés / hashtagués / followés », avant même d'être nés.

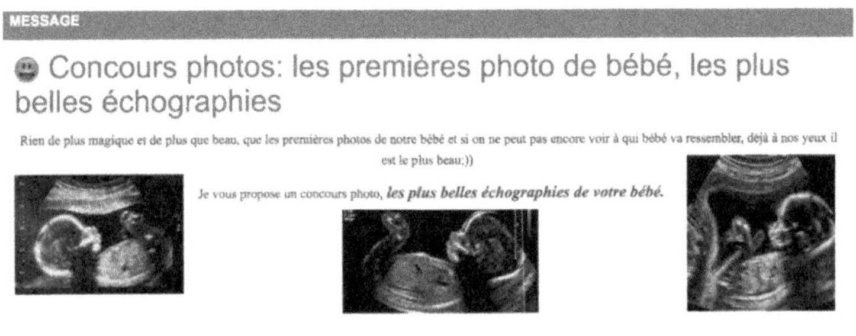

Mais revenons à notre cruel recruteur, celui qui a éconduit mon étudiant à la simple vision de ses frasques de jeunesse : possède-t-il réellement les talents d'un Sherlock Holmes du net pour dénicher de tels *scoops*? Pas nécessairement. Au-delà d'une simple recherche portant sur votre nom via Google, il existe toute une palette d'outils de vérification de votre *e-réputation*, cette réputation accessible en ligne via les données qui « parlent de vous » sur internet. Le « marketing personnel » (*personal branding*) est une démarche qui consiste à considérer son image personnelle à l'instar du marketing d'une marque, pour optimiser ses chances de réussite professionnelle.

Webmii se présente comme un des outils permettant de rechercher une personne par son patronyme dans le but de découvrir son *indice de visibilité*. Pour assurer la pérennité de cet ouvrage, je vous recommande plutôt de questionner Google pour trouver des sites aux fonctionnalités similaires, si d'aventure la plate-forme précitée venait à cesser ses services. Vous aurez compris que la démarche qui consiste à s'intéresser à la réputation en ligne de votre enfant m'importe bien plus que l'outil que vous utiliserez le moment venu.

Impatients que vous êtes! Je vous vois déjà me quitter et stopper net la lecture pour vous ruer sur votre ordinateur ou votre smartphone. Le site Webmii fonctionne-t-il encore ou bien avez-vous déjà été obligés de dénicher un outil similaire? Vous avez saisi (fébrilement) votre nom dans un de ces sites si particuliers. Quels sont les résultats? Vous êtes déçus ou jaloux. Votre « score de visibilité » est donc certainement très inférieur à celui de votre conjoint…

Lors des séances pédagogiques conduites avec les collégiens et les lycéens, la mise en lumière de l'accessibilité des photos et des informations personnelles via des plates-formes de ce type s'avère très instructive. Mais ne vous prenez pas à rêver. Même les pires « révélations » sur leurs excès ne sauront les conduire à stopper instantanément toute publication de contenus problématiques, sur eux-mêmes autant que sur les autres. Cependant, je ne peux que vous recommander vivement de mettre en place régulièrement des « séances exploratoires de *e-réputation* » à domicile avec vos jeunes, ne serait-ce qu'à titre préventif.

Commentées par vos soins, elles illustreront (et démontreront) la facilité d'accès aux informations personnelles (voire intimes) d'un cyberespace à l'image trop impersonnelle. Votre enfant imaginait certaines traces de ses actions médiatisées définitivement enterrées dans les méandres de la toile ? Les revoilà, surgissant brutalement du « *no man's land* » de l'internet, ressuscitées des abysses des *big data*… La démarche est simple, efficace. Suffisamment simple pour les interpeller. Il s'agit principalement d'instaurer ce fugace moment de malaise, pour créer une nécessaire passerelle de dialogue. Cette faille sera d'une grande utilité pour engager avec votre jeune une réflexion plus complète, plus profonde, sur certaines de ces pratiques connectées et médiatisées en rapport avec son image et son intimité. Il est à noter que, lors de mes interventions auprès des jeunes des filières professionnelles, l'impact de cette démonstration m'a semblé décuplé. Cela est certainement dû à la proximité avec le monde du travail de ces jeunes en apprentissage. Ce rapport avec l'employabilité optimise le levier stratégique du processus de prévention des risques de l'exposition des données intimes dans les espaces numériques connectés. Les plus paranoïaques d'entre vous pourront également pousser les investigations en exploitant, de manière complémentaire, la puissance du système « Google Alert ».

© Google

Il vous suffit d'y programmer une « alerte personnalisée », pour que Google vous adresse par courriel toutes les nouvelles informations en rapport avec vous, ou votre enfant… ou son homonyme ! Car la limite de ces dispositifs de veille intelligente de l'identité personnelle réside (pour partie) dans la qualité du filtrage de vos homonymes. Ce dernier est souvent optimisé, sur certaines plates-formes, par l'ajout de quelques mots-clés supplémentaires vous définissant plus distinctement. Pas d'inquiétude, le DRH saura les puiser au sein de votre CV ! Et il vous trouvera, très certainement, pour le meilleur ou pour le pire.

Pour conclure sur cette recommandation, il me semble important de consacrer un peu de votre temps *à partager et à cultiver ce principe de la veille informationnelle personnelle avec les jeunes* que vous encadrez ou tout simplement avec vos propres enfants.

Épisode 3

Mon enfant est tout puissant : Internet et l'impunité

Le bac à sable… Comment pourrais-je évoquer l'enfance sans faire appel à l'image de cet espace de construction et de développement de l'imaginaire ? Cet espace où « tout est permis » au contact de la noble matière, sauf peut-être de la manger… et encore !

L'industrie du jeu vidéo l'a bien compris et donnera naissance au concept de « *sandbox* » (bac à sable). Ces plates-formes numériques ludiques reposent sur la curiosité et la créativité du joueur plutôt que sur une scénarisation linéaire avec des objectifs clairement identifiés et prédéfinis par les programmeurs. Tout comme dans un « bac à sable », où l'enfant peut laisser libre cours à son imagination pour modeler la matière à sa guise, le « *sandbox* » désigne un type de jeu vidéo dans lequel les joueurs sont eux-mêmes au cœur de l'histoire. Ils en construisent le scénario par leurs interactions, dans les limites des possibilités développées en amont par les programmeurs bien entendu. Paradoxalement, dans le domaine de la sécurité des systèmes informatiques, un *sandbox* est un mécanisme qui permet l'exécution de logiciels « douteux » avec moins de risques pour votre système d'exploitation. C'est donc un espace protégé, dans lequel on peut s'essayer à moindre risque.

Est-ce cela que représente l'internet pour nos enfants, un espace protégé où ils pourraient s'essayer à moindre risque? Et ces risques « gratuits » sont-ils véritablement « moindres », d'ailleurs, ou bien seraient-ils plutôt d'une autre nature que ceux auxquels on s'expose physiquement dans la vie réelle? Une chose est claire. Il règne un sentiment d'impunité sur la toile, comme nulle part ailleurs.

« Il faut vingt ans pour bâtir une réputation, mais seulement cinq minutes pour l'anéantir », disait Warren Buffet, homme d'affaires et investisseur américain. La plupart des Français ont encore en mémoire ce que l'on nomme désormais « l'affaire Strauss-Kahn ». Mettre en danger sa réputation dans des lieux mal famés, internet le permet également. Les sites de téléchargement illégaux pullulent sur le net et les fréquenter représente une source de mise en danger non négligeable pour les plus jeunes. Les « mauvaises rencontres » que l'on peut y faire correspondent selon moi à des possibilités d'accès à des ressources que les enfants mineurs ne pourraient atteindre par des réseaux commerciaux légaux et des canaux de vente traditionnels. C'est là tout le paradoxe de notre économie « hybride » (matérielle et immatérielle). Elle protège les mineurs de l'accès à des contenus violents ou à caractère sexuel dans nos magasins et les points de vente de nos villes. Pas de mineurs dans un *sex-shop* ! Et pourtant, elle ne peut, dans le même temps, assurer le même niveau de protection au sein de cet espace « sans repères » qu'est devenu l'internet aujourd'hui.

Au musée des « horreurs accessibles en ligne gratuitement » via des sites de téléchargement totalement illégaux, je vous propose le sulfureux jeu vidéo *Hatred*. La traduction du titre annonce sa tonalité : la haine.

© Destructive Creations

Le studio de jeu vidéo Destructive Creation vous permet d'endosser le sombre costume d'un sociopathe meurtrier, pour vous promener librement dans la rue tout en massacrant cruellement femmes, enfants et forces de l'ordre. Si le jeu n'a pas rencontré un franc succès chez les joueurs professionnels, au regard du faible intérêt du scénario (il n'y en a pas vraiment, d'ailleurs), des copies fonctionnelles circulent sur la toile via les sites de téléchargement illégaux.

En 2018, la célèbre plate-forme de jeu Steam commercialisait même, en toute légalité, le jeu *Active Shooter.* Le joueur y incarnait un tireur fou, lâché dans une école…

Rapelay (*rape* signifiant le viol, en langue anglaise) remporte certainement la palme des jeux vidéo déviants interactifs! Dans ce que je m'autorise à qualifier de « simulateur de viol », le joueur laisse libre cours à sa folie dans divers lieux publics, bus, métro, parc ou chambre d'hôtel. Là encore, se procurer une copie du programme via les dispositifs de téléchargement illégaux relève d'un jeu d'enfant, même pour un collégien. Et si la production de cette horreur vidéoludique commençait un peu à dater (2006), sa relève est assurée par une nouvelle mouture du même acabit, diffusée cette fois sous le nom de *Rape Day* (que nous pourrions traduire cette fois par « jour de viol », jeu sorti en 2019).

Rapelay (2006) © Illusion Software

Rape Day (2019) © Desk Plant

Son concepteur affirme qu'il s'agit seulement d'une « comédie macabre » destinée aux (rares ?) 4 % de la population qui seraient, selon lui, sociopathes. Face à la polémique naturellement engagée par la violence de la thématique exploitée, ce développeur informatique revendique la liberté absolue de la création artistique numérique. Il argumente que les enfants ont également accès à des « simulateurs de meurtres » et pratiquent couramment des jeux vidéo dans lesquels on tue sans discontinuer (*Fortnite*, pour ne pas le citer), sans que cela dérange ni heurte véritablement des adultes qui consentent à laisser leur jeune progéniture s'exercer. Ultime provocation, certes, mais qui repose sur l'idée qu'il peut paraître peut-être mal venu de s'offusquer de l'existence d'un jeu simulant le viol, alors même que notre société autorise la commercialisation (et tolère bien souvent la pratique juvénile) de jeux meurtriers comme *Call of Duty* ou *Assassin's Creed*. Pas question de faire d'amalgames dans mes propos ni même de raccourcis scientifiques. Rappelez-vous qu'aucune étude sérieuse n'a su démontrer qu'un enfant jouant régulièrement à des jeux meurtriers ou ayant eu accès à des productions vidéoludiques déviantes à caractère sexuel (les données sont inexistantes, bien entendu) deviendra pour autant un tueur ou un violeur.

Pourtant, comment ne pas cesser de s'interroger sur les effets potentiels pouvant découler d'une pratique intense et trop précoce de ces productions reposant uniquement sur l'apologie du crime ?

N'y aurait-il pas plutôt urgence à débattre de certaines limites éthiques (et non pas morales) qui ne sauraient être dépassées par les concepteurs de jeux ? Car rien ne garantit en effet que ces productions ne terminent leur course devant les yeux d'un très jeune enfant, peut-être le vôtre d'ailleurs.

PAUSE

Intimité bafouée, addiction pathologique, vols et viols en ligne... Ce que vous venez de voir vous a fait peur ou choqué.

Vous ressentez désormais une irrépressible envie de couper la box internet de la maison et de lui confisquer le smartphone que vous avez eu la faiblesse de lui offrir ?

Votre réaction est légitime. Surtout au regard du caractère volontairement anxiogène de ces quatre dernières saisons et de votre envie toute naturelle de protéger vos enfants.

Pourtant, il serait vraiment dommage de vous priver de la saison finale, non ?

SAISON V (Finale)

Pour une « éducation au virtuel »

« L'éducation ne se borne pas à l'enfance et à l'adolescence. L'enseignement ne se limite pas à l'école. Toute la vie, notre milieu est notre éducation, et un éducateur à la fois sévère et dangereux. »

Paul Valéry, artiste, écrivain, philosophe, poète (1871-1945)

Épilogue 1

Maîtriser pour mieux contrôler

Je devine ce que vous attendez de moi dans cette ultime saison. Une recette ou tout au moins un outil miraculeux qui, une fois installé sur les machines de la maison, prendra en charge à votre place la complexe et délicate question de l'usage des outils connectés en famille. Seulement voilà, même le plus qualifié des (très inutiles selon moi) assistants personnels connectés ne saura vous indiquer l'outil magique. Et ce n'est pas une formule comme « dis Google » ou « dis Alexa » qui vous affranchira de la démarche complète, éprouvante et engageante que vous allez devoir commencer en tant qu'adulte pour trouver LA recette la plus appropriée à votre foyer. C'est à vous qu'il incombe de choisir l'ensemble des méthodes et dispositifs les plus adaptés à vos critères éducatifs.

Ne participez pas à la banalisation de la violence fictionnelle

Terminé le temps de la nostalgie des pacifiques personnages de *Pac-Man* ou de *Donkey Kong* sur la console Atari 2600 de mon enfance… Même si ces productions de nature violente ne sont pas récentes, force est de constater le passage aux carnages quotidiens des héros assassins et destructeurs, de *Call of Duty* à *Fortnite*. Nous serions-nous, dans le même temps, progressivement accoutumés à voir des enfants s'entraîner à « tuer des humains », symboliquement parlant, naturellement ? Les expertises se sont succédé, toutes plus rassurantes les unes que les autres. Certains chiffres parlent d'eux-mêmes : au Japon (patrie du jeu vidéo), 60 % de la population joue aux jeux vidéo. Le taux de décès par arme à feu frôle pourtant le zéro. Il faut préciser que seulement 0,6 % des civils possèdent une arme (la loi étant très stricte quant à la délivrance d'un permis).

Ouf ! On ne pourrait donc pas prouver scientifiquement un quelconque lien entre la pratique des jeux vidéo violents et un potentiel passage à l'acte dans le réel. Votre enfant n'ira tuer personne au collège demain matin, enfin semble-t-il… Nous voilà tous rassurés et il pourra terminer à domicile sa partie de massacre virtuel connecté, en paix.

En seulement une quinzaine d'années, nous avons toléré puis banalisé ce que j'ose qualifier de « violence ordinaire pixélisée ». Bien entendu, il ne s'agit nullement de contester la rigueur scientifique des études montrant majoritairement l'absence de corrélation entre les jeux vidéo violents et le comportement violent des adolescents. Il ne s'agit pas non plus de diaboliser les jeux vidéo et d'oublier que bon nombre de productions s'appuient sur des simulations de sport, de courses automobiles ou de développements agricoles. Pour autant, je pense que le débat concernant la nocivité des jeux de tir incluant des scènes de violence chez le jeune public est tout simplement stérile. La réflexion doit se conduire à d'autres niveaux, éducatif, symbolique, sociétal voire philosophique.

Peut-être le temps est-il venu de mener un « effort collectif de parentalité » pour tenter de désengager nos plus jeunes enfants d'un processus d'accoutumance à des productions de plus en plus réalistes, visant uniquement à simuler des actes de violence symbolique, devenus familiers ? Surtout lorsque certains d'entre eux pratiquent les loisirs de la tuerie en ligne dès leur plus jeune âge, comme en témoignent les nombreux joueurs qui filment leurs parties[1]. Peut-être est-il temps de prendre un peu plus au sérieux ce qui, aux dires de nombreux experts, ne serait « pas si grave que cela » ?

En effet, tout phénomène ou processus de banalisation de la violence, même simulée, dématérialisée ou virtualisée, me semble inquiétant. Principalement lorsqu'il se déroule lors de la délicate phase de construction identitaire de nos enfants par le jeu. Faut-il conduire de nouvelles recherches scientifiques pour déterminer si un enfant qui tire sur ses copains via des avatars saura mieux les supporter dans

1. Sur la plate-forme YouTube, de nombreuses vidéos de ceux que les joueurs nomment des « Bambi » montrent des enfants de 6 ans déjà très aguerris à la pratique du jeu de combat *Fortnite* (pourtant déconseillé aux moins de 12 ans).

la réalité ? Sans singer les douces pensées altruistes du mahatma Gandhi, un parent qui se respecte ne cherche-t-il pas avant tout à apprendre à son enfant comment bâtir le monde, plutôt qu'à le détruire ? Ne vous semble-t-il pas plus bénéfique, dans un processus éducatif, de travailler à simuler le partage avec les autres, plutôt que de systématiquement songer à éradiquer sauvagement son prochain (sous le simple prétexte que vous venez d'atterrir sur la même île virtuelle que lui) ?

Enfin, au-delà de toutes les considérations rationnelles, chiffrées et scientifiques évoquées précédemment, c'est bien la pratique quotidienne de la « violence sans contact physique » qui se joue par le truchement de ces jeux vidéo violents. N'aurait-elle vraiment aucun effet sur nos enfants ? En l'absence de preuves irréfutables et de travaux scientifiques exhaustifs, permettez-moi d'en douter encore. Une chose est certaine, ces mêmes enfants devront, tôt ou tard, se confronter à la présence physique des autres, dans une cour de récréation ou ailleurs.

Parents, éducateurs, allez vers le virtuel !

Cette formule, qui pourrait presque résonner comme un slogan, s'adresse donc à tous ceux qui tentent encore d'esquiver le monde numérique, parfois désespérément. Cela peut paraître paradoxal, alors même que je me suis efforcé de vous dresser un inventaire à la Prévert plutôt négatif des usages numériques juvéniles.

Aussi, il me faut prendre le temps de vous convaincre de l'importance capitale de forger une posture parentale positive d'accueil des activités numériques.

Ne vous méprenez pas : accueillir ne signifie en aucun cas « tout autoriser ». Ce terme « accueillir », recevez-le au sens de l'acquisition d'une forme de légitimité parentale construite sur la base d'un degré minimal de connaissance de la culture numérique juvénile et des activités connectées qui en découlent.

C'est très exactement ce que vous venez de commencer à mettre en œuvre, avec les quatre premières saisons de cette série du *Biberon numérique*. Et vous allez (je l'espère) poursuivre cette démarche en continuant à vous interroger sur la nature et les spécificités des pratiques virtuelles de vos enfants (ou des jeunes que vous encadrez).

Comment ? Pourquoi ne commenceriez-vous pas par vous plonger (ne serait-ce qu'un instant) dans les mondes virtuels vidéoludiques, ceux-là mêmes que vous condamnez bien souvent avec tant d'ardeur, sans avoir fait l'effort d'aller à leur rencontre ? Jouer au jeu vidéo avec ses enfants ne consiste pas seulement à « faire du jeunisme » et à craindre de se voir taxer d'« adulescent ». Cela permet avant tout de jauger ces productions, de les analyser finement pour les choisir plus légitimement qu'en se référant uniquement à la petite étiquette du classement PEGI[2]. Cette indication est censée donner un avis de référence sur l'âge minimal conseillé et sur le soi-disant degré de violence d'un jeu.

2. Le *Pan European Game Information*, système d'évaluation européen des jeux vidéo.

À l'issue de mes conférences publiques à destination des parents, j'ai été plusieurs fois confronté à ce que je m'amuse à qualifier des « mutineries parentales ». Alors même que je venais de leur proposer de s'initier à quelques parties de jeu vidéo en famille, nombre de mamans[3] me rétorquaient qu'elles « n'avaient pas que cela à faire ». Avant toute chose, elles trouvaient « quasiment tous les jeux vidéo de leurs enfants… débiles ». « Complètement nuls, inintéressants, abêtissants », les qualificatifs pour décrire les activités connectées de divertissement de vos enfants se révèlent rarement très flatteuses. Pourtant, rappelez-vous du sympathique jeu de société, le *Cochon qui rit*? En un coup de dé, vous obtenez un « six ». Et vous voilà, tout guilleret, en train d'ajuster une patte sur votre petit cochon rose en plastique. Un « double six », et vous hurlez de joie, tout en équipant votre gentille bestiole d'une petite queue en tire-bouchon ! Tout cela, alors que vous avez résolument passé le cap de la cinquantaine… Comment qualifieriez-vous un tel jeu ? Vous qui êtes de la vieille école, vous utiliserez certainement le terme « éducatif ». Une « icône éducative », même ! Résumons : pour vous, le *Cochon qui rit* est éducatif et *Mario Kart*, complètement débile. Soyez honnête, les compétences que l'enfant pourra acquérir lors d'une partie de *Cochon qui rit* frôlent… le néant, non ? La motricité fine ? Cela me semble plutôt tardif, surtout vers 14 ans. Je ne vous dis pas de jeter au feu la boîte des

3. N'y voyez ni sexisme ni théorie du genre. Un simple constat statistique personnel me permet d'affirmer que des centaines de mes conférences se sont pratiquées le plus souvent face à un public majoritairement… féminin ! Les papas gardaient-ils massivement les enfants (assis devant la télé ☺) ? Nous ne le saurons jamais…

« cochons » de votre enfance. Bien au contraire. Il s'agit plutôt de prôner une attitude « hybride », dans un monde composé désormais de pixel et de matière physique. Je n'adhère pas à l'euphorie du « tout électrique » pour nos véhicules, surtout à une époque où nous nous efforçons de réduire le risque nucléaire. La motorisation hybride, qui tente de composer avec le meilleur des deux mondes, le traditionnel moteur thermique épaulé d'une innovante propulsion me paraît plus raisonnable. Il en va de même pour la dichotomie entre le jeu traditionnel et le jeu vidéo. Les technologies numériques ont cette faculté rare de creuser des fossés générationnels à grande vitesse. Certains pensent qu'une fois la génération « alpha » devenue parent à son tour, la fracture numérique générationnelle disparaîtra, parents et enfants étant tous nés au sein des mêmes repères culturels. Je leur réponds : « Nés avec quels repères : le casque virtuel, les assistants vocaux connectés, les lunettes de réalité augmentée, les futurs implants connectés que vous aurez sous la peau ? » Même les jeunes natifs de 2020 ne pourront se targuer dans vingt ans d'être nés en présence de technologies de ce type parfaitement maîtrisées, alors que certaines n'en sont encore aujourd'hui qu'à leurs balbutiements. Et il est certain que votre petit dernier sera à son tour un « dinosaure du numérique », avant même sa majorité établie.

Cela conforte ma proposition et me permet d'insister sur une indispensable posture, celle de *veille parentale numérique permanente*.

« Allez vers le virtuel » se traduit avant tout comme une nécessaire *posture d'accueil de la culture numérique*, une ouverture positive, lucide et raisonnée pour envisager la place que cette dernière peut (et doit) avoir dans la construction identitaire des jeunes. « Faire un pas vers le virtuel », c'est tenter de vous approcher (par vous-mêmes) de ces nouveaux dispositifs, prioritairement ceux qui vous dérangent ou qui vous inquiètent. Je vous propose de commencer cette démarche, avant même que ces dispositifs ne deviennent un sujet de conflit familial. Comment envisagez-vous de répondre à votre enfant de 11 ans lorsqu'il vous réclamera la prochaine console de jeux en réalité virtuelle, accompagnée de son casque 3D immersif, au prochain Noël ? Pensez-vous éluder la question par un simple : « Non, ce n'est pas bon pour toi ! » Il y a fort à parier qu'il vous répondra (très légitimement) : « Qu'est-ce que tu en sais, toi. Tu ne l'as jamais essayé le casque virtuel. Alors que moi, chez mon copain, on en a fait plein… »

Il existe pourtant de nombreux lieux[4] pour tester ces outils, pour peu que vous soyez des adultes motivés. Effectivement, cela demande un investissement en temps et la volonté de partager, de mieux comprendre la culture numérique de vos enfants. Il s'agit là autant d'un effort parental que d'un pari éducatif pour un avenir plus serein et plus constructif. Un avenir ouvert au dialogue en famille, sur toutes les questions qui concernent les activités connectées.

---

4. L'incontournable salon annuel *Laval Virtual* (en Mayenne – 53) dont je vous recommande vivement la visite en famille. La société FlyView360 qui vous permet de survoler les principaux monuments de la capitale en réalité virtuelle (Paris – 75).

Épilogue 2

Contrôler sans tout interdire

Prenons l'exemple du radar automobile. Personne ne l'aime, mais tout le monde convient de son utilité et de son efficacité. La baisse constante des décès liés à la vitesse excessive est incontestable. N'en déplaise à ses détracteurs et au risque de paraître provocateur, il repose sur un *principe libertaire* qui consiste à laisser nos automobiles disposer de puissants moteurs, capables de propulser potentiellement certains de nos bolides à plus de 300 km/h sur route ouverte. Les progrès de la géolocalisation satellitaire et des limiteurs de vitesse ont imposé ces options en série sur de nombreux modèles de véhicules. Pourquoi ne pas imaginer à l'avenir des véhicules *télégérés* ? Ces engins se verraient automatiquement bridés à 50 km/h, à peine le panneau des agglomérations franchi. Quelle horreur, hurlent déjà les amateurs de grosses cylindrées et de vitesse sur route ouverte ! Nos principes démocratiques et notre respect des libertés individuelles nous conduisent à ne pas (encore ?) appliquer de telles restrictions, laissant au conducteur une véritable impression de liberté. Libre à lui, en effet, de rouler au-delà des limites en vigueur… dans la mesure où il échappe à l'œil vigilant des très nombreux radars. Les outils répressifs devenant de plus en plus performants et discrets, bon nombre de chauffards se sont progressivement fait une raison et lèvent le pied pour éviter de perdre leur précieux permis.

Les vertus de la liberté numérique surveillée à distance

À domicile, l'approche que je vous propose s'inspire de cette « méthode du radar ». Je préconise également une forme de *liberté surveillée des activités connectées* des enfants. Je ne suis, bien entendu, pas opposé à la présence complémentaire d'un traditionnel « logiciel de contrôle parental », même si vous avez déjà pressenti mon avis mitigé sur les limites intrinsèques au filtrage par mot-clé. Je serais d'ailleurs bien en peine de vous proposer une référence miracle, un logiciel qui saurait interdire seulement ce qui est « mauvais » pour votre enfant et autoriser « tout ce qui est bon ». Car les aspects manichéens et caricaturaux de ces dispositifs de filtrage me posent un véritable problème, et ce depuis bien longtemps. Qui décide de quoi ? Selon quels critères telle ou telle page web lui sera accessible (ou pas), une fois les règles de filtrage les plus consensuelles établies ? Y a-t-il une « marge de manœuvre » pour ajuster cette liste « noire » des adresses et thématiques interdites ? Existe-t-il d'ailleurs vraiment des choix consensuels ? Prenons l'exemple de la règle absolue qui consisterait à interdire tout accès à la pornographie pour les mineurs, ce sans exception. Je la suppose consensuelle. Pour autant, que va penser ce jeune de 16 ou 17 ans qui se verra refuser par le logiciel de contrôle parental l'accès à la requête « sexe » saisie dans son moteur de recherche préféré dans le monde virtuel... alors qu'il pratique déjà la chose sur le plan charnel, dans le réel ? Dans le louable but de protéger les jeunes de la pornographie et de ses excès (exhibition, crudité, domination, dégradation, etc.), le choix de la « non-réponse » me semble pour autant radical et discutable. Mais nous aurons tout le loisir d'en discuter dans le second volume de cette collection « Éduquer au virtuel », un ouvrage qui sera exclusivement dédié à la précocité de la surexposition juvénile aux contenus en ligne à caractère sexuel et à leurs effets.

En revanche, la question d'un accès libre des enfants (et sans surveillance directe par un adulte) aux moteurs de recherche par enfant est à refermer immédiatement, et ce de la maternelle au primaire. Elle est un problème, car Google est un problème à lui seul. En effet, il n'est rien d'autre qu'un produit « conçu par et pensé pour » le monde des adultes. De par ce simple constat, le dispositif ne me semble résolument pas approprié à la conduite de recherches libres par des enfants de moins de 12 ans. Sous la surveillance d'un parent, il demeure un puissant outil pour les former à la recherche raisonnée de données sur la toile. Mais gare au délicat mode « images », dont les contenus les plus surprenants peuvent surgir à chaque instant... et déraper même dans les mains d'un adulte averti et vigilant. Bien entendu, une batterie de parades s'offre à vous. Des moteurs alternatifs, équipés d'algorithmes spécialisés dans les requêtes formulées par les plus jeunes (*Qwant Junior* ou encore *Kiddle*) réduiront pendant un certain nombre d'années les risques de ces mauvaises rencontres visuelles. Tout en les privant, il est vrai, de la puissance inégalée d'investigation du « maître Google ».

Dès l'entrée au collège, la question se posera déjà différemment. Quel élève de classe de quatrième pourra supporter l'apparition d'un petit dinosaure à l'air réprobateur lui indiquant : « Oups, je n'ai pas trouvé de résultats qui te conviennent? » Comment pourrait-il expliquer à ses meilleurs amis du collège qu'à la maison, ses parents l'obligent encore à effectuer ses recherches sur *Kiddle*, le « moteur des bébés »!

Pour pallier ce problème, la firme française Qwant a mis en place *Qwant School*, destiné à un public âgé de 10 à 16 ans.

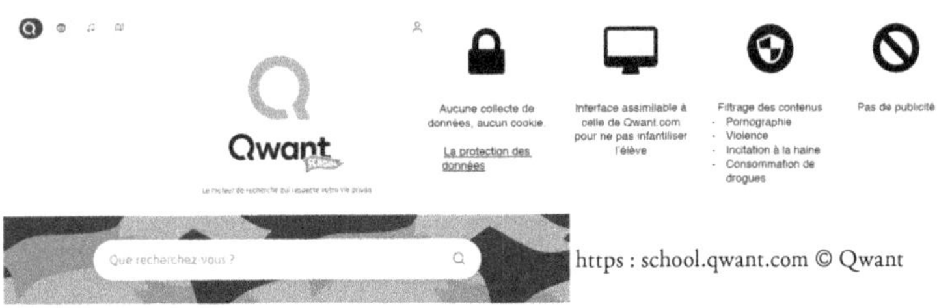

https : school.qwant.com © Qwant

Destiné à un public âgé de 10 à 16 ans, les concepteurs du moteur présentent par avance leurs excuses pour d'éventuels problèmes dans la qualité de son filtrage : « Dans la mesure où nous ne pouvons exercer aucun contrôle sur les contenus de ces sources externes, vous reconnaissez que nous n'assumons aucune responsabilité relative à la mise à disposition de ces ressources, à leur contenu… » Concrètement, les mots « sexe » ou « fesse » ne donneront effectivement lieu à… aucune réponse en mode « images ». Je vous laisse tester par vous-mêmes, l'expérience est déconcertante. Je vous déconseille cependant d'y rechercher ce qu'est un « zizi » ou encore d'entamer une recherche illustrée du célèbre tableau « l'origine du monde », du peintre Gustave Courbet, surtout avec un enfant de 10 ans à vos côtés. Il y trouvera bien d'autres reproductions bien différentes de l'original artistiquement exposé au musée d'Orsay ! Soit, aucune commune mesure, c'est indéniable, avec le déferlement d'images pornographiques proposé par le système « Google Images » sur cette même thématique. Mais le dispositif de recherche dédié exclusivement aux collégiens me semble encore bien loin de pouvoir garantir un filtrage « parfait et absolu des contenus inappropriés aux mineurs ». Peut-être simplement parce que le concept lui-même est complètement utopique.

Pour toutes ces raisons, il vous faudra adopter une seconde approche et déployer un second bouclier complémentaire.

Papa et maman te voient !

En entreprise, les logiciels de type « prise de contrôle des postes à distance » fascinent les néophytes en informatique. Qui ne s'est jamais extasié, tout au moins la première fois, lorsque la souris de votre ordinateur se met à se déplacer à l'écran, sans aucune action de votre part. Sous le contrôle de votre informaticien local, vous contemplez avec admiration la puissance de la « prise de main à distance » (comme on l'appelle dans le jargon technique des informaticiens). Les logiciels proposant ce type de fonctionnalité sont nombreux : *LogMeIn*, *Team Viewer*, *AnyDesk*, *NoMachine*, *Splashtop*, etc., gratuits ou payants, selon les options proposées et le nombre de postes que l'on entend contrôler à distance. Je préfère utiliser le terme « contrôler » plutôt que celui de « surveiller ». Car j'entends déjà les ardents défenseurs de la sacro-sainte liberté des enfants s'offusquer devant des systèmes reposant sur des formes d'ingérence parentale : « Comment ? Je me refuse à utiliser des "Big Brother" parentaux ! » C'est pour cela que la démarche de déploiement en environnement familial d'un tel dispositif de contrôle à distance se doit d'être conduite avec précaution et sur la base d'un dialogue ouvert, pour ne pas sombrer dans les travers de l'espionnage parental.

Plutôt que de vous proposer les captures d'écran d'un logiciel précis (qui sera obsolète dès demain !), je me propose de vous livrer une forme de *procédure générique*, commune à bon nombre des programmes précités ou à bien d'autres que vous saurez découvrir par vous-mêmes en flânant sur le net.

Première règle, la mise en route doit impérativement s'appliquer en présence de l'enfant : « Regarde, mon chéri, ce que nous allons installer ensemble sur le poste que tu utilises. » Bien entendu, il nous faut convenir en amont d'une définition commune de celui que je définis ici comme

« un enfant ». La légitimité d'un tel processus peut effectivement très difficilement se justifier auprès d'un lycéen de 17 ans, vous en conviendrez… Mais cela vous laisse tout de même une belle et large plage d'action, de l'école primaire jusqu'à la fin de sa période de collège.

Vous aurez pris soin, avant de vous lancer dans cette première installation sur le poste concerné, de créer un compte « administrateur » auprès de la plate-forme choisie (hors présence de l'enfant bien entendu). Il m'est arrivé d'entendre certains parents invoquer leur faible niveau de compétence en informatique, certainement pour tenter de justifier leur manque de volonté à tenter de mettre en œuvre de tels systèmes. Ce sont pourtant ces mêmes parents qui commandent, avec une aisance déconcertante, des chaussures en ligne ou qui s'abonnent sans peine à Netflix. Me permettez-vous (bien amicalement) d'y déceler quelques symptômes d'une éventuelle mauvaise foi ?

Toujours sous les yeux de votre enfant, et après vous être connectés sur la plate-forme à l'aide de vos précieux identifiants, il vous suffit de déclencher l'installation du petit « logiciel agent actif » qui vous est proposé (certainement sous la rubrique « Installer sur cet ordinateur », et de suivre la procédure généralement guidée que le dispositif vous propose pour s'activer).

Voilà. Le système est en place, prêt à servir. Ce que je nomme le « Contrat parental numérique » peut être alors défini avec l'enfant. Il débute par l'énoncé d'une consigne claire et non négociable : « Nous allons dîner chez les voisins, tu n'es pas obligé de venir car nous sommes à deux pas. Mais tu stoppes tes jeux en ligne et tes réseaux à 21 h 30. Nous sommes bien d'accord ? »

Vers 23 heures (alors que votre petite soirée entre voisins – et sans enfants – s'éternise pour votre plus grand plaisir), il vous suffit de jeter un œil sur le tableau de bord de votre logiciel « magique ». Une icône « grisée », la machine a bien été déconnectée par votre enfant, et à l'horaire exact indiqué par la console. Bien entendu, il aura très certainement tenté de vous resquiller quelques précieuses minutes de connectivité. Cela me semble de bonne guerre et sans conséquence. En revanche, si vous le découvrez encore en activité en ligne à une heure indue, il ne me semble ni autoritaire, ni barbare, de prendre le contrôle de la machine pour stopper (en quelques clics) ses activités. Quitte à actionner l'extinction totale de la machine, devant ses yeux ébahis…

Vous le constaterez, loin de générer de l'agressivité ou de la violence, ce type d'intervention aura un double effet : asseoir votre légitimité technologique au sein du foyer (et oui, vous savez piloter autre chose que le grille-pain de la cuisine !) et ouvrir un dialogue avec votre enfant sur la nécessité de poser des limites… et surtout de savoir s'y tenir. Et après tout, en quoi cette astuce technique des temps modernes serait-elle plus intrusive et brutale que lorsque vos parents se penchaient à quatre pattes sous la porte de votre chambre, pour tenter de détecter un rayon de lumière ? Alors même, d'ailleurs, que vous étiez soigneusement cachés sous vos draps pour tenter de lire à une heure tardive, armés de votre pile électrique ! L'époque a changé, les outils et les méthodes de contrôle des parents s'adaptent, tout simplement.

Épilogue 3

Interdire si nécessaire

Et le *smartphone* alors ?

Nous touchons enfin à la question la plus posée par les parents lors des débats qui succèdent au déroulé de mes conférences publiques : « D'accord pour tenter l'expérience du contrôle à distance des ordinateurs et des tablettes de la maison. Mais existe-t-il un dispositif équivalent pour les smartphones de nos enfants ? »

Sur ce point, mes propos et mes solutions vont vous paraître certainement moins souples que les précédentes. En effet, après plus de dix années de recherches spécialisées dans l'analyse de toutes les formes de « dérives juvéniles connectées », une interrogation fondamentale s'impose à moi et je me permets de vous la soumettre en l'état :

Pourriez-vous me citer UNE, et une seule, bonne raison éducative pour offrir à un enfant à l'école élémentaire ou à un collégien un smartphone disposant d'un forfait (4G,

5G bientôt, 6G demain) lui permettant ainsi de surfer sur internet, quand il le veut et surtout d'où il le veut ?

J'ai bien cherché. Je n'en vois aucune.

Serait-ce pour que votre collégien puisse à tout instant et sans limites, s'adonner aux plaisirs des réseaux sociaux, photographiant et publiant ses moindres faits et gestes, aussi stupides et insignifiants qu'ils soient ? Serait-ce pour qu'il entretienne les précieuses « flammes » de son compte Snapchat, procédure obsédante et tyrannique ? Cette pratique obsessionnelle consiste à alimenter – sans relâche, au risque de tout recommencer – une petite « flamme » accompagnée d'un chiffre qui correspond au nombre de jours consécutifs pendant lesquels deux personnes se sont échangé des informations. Lui auriez-vous enfin offert ce forfait internet mobile sur son smartphone pour qu'il puisse désormais, et sans aucun véritable contrôle d'une absolue efficacité (sauf preuve du contraire), surfer librement sur les sites pornographiques les plus « *trash* », ce dès ses douze, voire onze ans ?

Un appel à la solidarité et à la « résistance parentale »

Vous l'aurez compris, je ne suis pas vraiment un ardent défenseur du « smartphone juvénile précoce ». Mais c'est surtout le nomadisme connecté qui me pose question. Ma position s'entend tout au moins jusqu'à l'entrée au lycée de l'enfant. Qu'il puisse prendre des photos de tout et de n'importe quoi, en permanence, est un premier problème.

Qu'un enfant soit en capacité de les diffuser mondialement, spontanément et n'importe quand en est un autre, bien pire, me semble-t-il…

Je suis, à ce stade de ma réflexion, irrésistiblement séduit par l'idée de vous proposer un « hashtag parental » (c'est à la mode !) pour partager cette réflexion sur les réseaux sociaux :

#PASDINTERNETMOBILE POURLESCOLLEGIENS

J'entends parfaitement le principal argument parental en faveur de l'équipement des collégiens en smartphone (et aujourd'hui de nombreux enfants dès l'école élémentaire). C'est un argument éminemment (et principalement) sécuritaire :

— Mais que va-t-il advenir de lui, s'il rate son bus ? Comment pourrait-il nous prévenir en cas de problème ? Et avec tous ces pédophiles qui rôdent aujourd'hui, on ne sait jamais ce qui pourrait lui arriver…

Certes, cela peut se justifier par la psychose médiatique ambiante et je ne vais pas polémiquer avec vous sur ce point. Mais ne faudrait-il pas penser alors à ce que s'exerce une forme de pression sur les principaux opérateurs, pour que l'on vous propose de meilleures offres de portables ? *Quid* de forfaits avantageux (et non plus pénalisants car présentés comme de coûteuses options) réellement dédiés aux mineurs, avec des fonctionnalités de connectivité réduites. Il ne s'agit pas de les priver *ad vitam æternam* des appels téléphoniques (parfois salvateurs) ou même d'anodines conversations par SMS avec leurs amis. Certes, les plus initiés d'entre vous me rétorqueront que, malgré l'absence de connectivité internet mobile, ils pourraient encore se connecter aux réseaux wifi « ouverts » ou publics.

Mais, vous en conviendrez, « regarder du porno à McDo », ce n'est tout de même pas très convivial, non? Rassurer les parents sur la sécurité physique des jeunes enfants a un prix. Celui de l'insécurité virtuelle, générée par les dérives de certaines activités connectées, favorisées par le nomadisme des smartphones, pour peu qu'ils disposent d'un accès permanent à l'internet.

Le psychiatre Serge Tisseron vous a proposé, dès 2008, la règle du « pas d'écran avant trois ans ». Si vous tenez résolument à équiper votre collégien d'un smartphone, la mesure que je préconise se résume ainsi : « Pas d'internet nomade pour un enfant avant son entrée au lycée. »

Elle s'appuie sur le simple principe de précaution instaurant qu'un enfant de primaire ou de collège ne disposerait pas encore de la maturité nécessaire à la gestion d'un outil aussi puissant qu'un *smartphone* connecté librement à l'internet. Tout du moins, tant que notre internet planétaire n'arrivera pas à se doter des garde-fous nécessaires à l'encadrement des mineurs, tout comme les médias traditionnels (presse, télé, radio) ont réussi à le faire en leur temps. Je doute d'ailleurs que cela ne soit possible un jour.

Pourquoi, sinon, tant de parents affolés se presseraient-ils pour se rendre à toutes les conférences publiques abordant la thématique anxiogène des « dangers d'internet » ? Et pourquoi lisez-vous ce livre ?

Au fait, ne pourriez-vous pas également songer à dire tout simplement à votre collégien… NON ?

« Captain Blue Card[1] », mes parents ont un superpouvoir !

Dites-moi, jusqu'à preuve du contraire, les détenteurs de la carte bancaire du foyer, c'est bien vous ? À ce titre, vous et vous seul détenez le « superpouvoir » de dire non. Je n'ai encore jamais vu un collégien de 12 ans entrer seul dans une boutique de téléphonie pour en ressortir avec un smartphone et son abonnement à internet. Évidemment, la bataille s'annonce rude. Vous serez certainement « les plus mauvais de tous les parents de la terre », immanquablement traités de « vieux ringards » ou de « bourreaux d'enfants ». Bien entendu, il va tenter de vous servir l'argument massue : « Mais tous mes copains en ont déjà un ! » Sérieusement, n'avez-vous pas le souvenir d'avoir tenté jadis cette petite ruse pour obtenir de vos parents l'objet de vos désirs ? La pression morale que ressentent les parents est terrible et ce serait une erreur que de la négliger ou de la minimiser. Elle est d'ailleurs le principal vecteur de cette phase d'équipement massif et prématuré des enfants à l'école et au

1. « Capitaine Carte Bleue », en référence à la couleur très répandue des cartes bancaires.

collège : « Mais papa, maman, je suis le dernier débile à ne pas avoir de portable ! Je vais être exclu du groupe si je ne suis pas sur les réseaux sociaux. » Le sentiment de culpabilité est maximal et assuré, pour ces parents qui témoignent de leur détresse : « Mais, nous n'avons plus le choix, on ne peut plus faire autrement… »

Et pourtant, vous le pouvez. Vous avez le choix.

Un simple conseil : « Tenez bon la barre ! » Ici réside certainement une partie du problème et de sa solution. Imaginons qu'une forme de prise de conscience, de solidarité parentale collective puisse naître un jour prochain. Un mouvement sociétal, à l'instar de celui des nouvelles générations qui défilent désormais solidairement dans la rue pour défendre l'avenir écologique d'une planète qu'ils jugent pour beaucoup en grande détresse biologique (à juste titre). Imaginez un temps où vous ne vous sentiriez plus jugés (par les autres) comme des « parents indignes », uniquement parce que vous avez refusé d'équiper votre collégien d'un accès permanent et illimité à l'internet via un *smartphone* haut de gamme.

« Savoir dire non » est un processus global et complexe, dont je vais laisser le soin à mon collègue Renaud Hétier (professeur en sciences de l'éducation) de vous exposer pleinement les tenants et les aboutissants, dans un prochain ouvrage de cette même collection, « Éduquer au Virtuel ».

Attention, cet appel à la résistance parentale ne doit pas être perçu comme un « lutter contre ». Il ne s'agit en aucun cas de bannir tous les outils connectés des foyers, ou de l'école d'ailleurs. L'accès à un numérique pédagogique, raisonné et éducatif n'est pas un ennemi et doit faire partie intégrante du processus de formation des futurs adultes et citoyens connectés de demain. Pour autant, à l'instar de l'image du château de sable face à la marée montante, il s'agit d'épargner le plus longtemps possible à nos enfants le fardeau quotidien de la connectivité nomade permanente.

Si je me résume, une année de gagnée « sans » le *smartphone* juvénile connecté au net... est toujours une année de gagnée !

Il nous faut songer à préserver une durée raisonnable à ce que l'on pourrait nommer « le temps de l'enfance ». La visualisation de certaines images et l'accès à des contenus d'adultes contribuent irrémédiablement à une certaine forme de mort prématurée de la temporalité de l'enfance. Il est grand temps d'en prendre pleinement conscience, collectivement.

Tous citoyens responsables du numérique !

Il est plus que temps pour les parents de sortir de ce que Stéphane Vial, chercheur et philosophe, nomme le *dualisme numérique*[2].

> « La révolution numérique est une révolution *ontophanique*, qui ébranle la manière dont les êtres (*ontos*)

2. VIAL Stéphane, « La fin des frontières entre réel et virtuel : vers le monisme numérique », *Frontières numériques et artefacts*, 2016, p. 135-146.

> apparaissent (*phaino*). Les images virtuelles (au sens de la simulation), les pages web, les avatars, les jeux vidéo, les mondes persistants en ligne, les interactions sur les réseaux sociaux, etc., sont autant de nouveaux *étants* qui participent au choc phénoménologique de nos existences à l'ère numérique. [...] Internet est (dans le) réel. »

Mes années de recherches scientifiques, de contact avec les parents d'élèves et les jeunes, me portent à croire que la critique systématique de la « fausse vie » (en opposition à la « vraie vie ») est une utopie contre-productrice et passéiste. Elle alimente la construction de ces *fossés numériques perpétuels*, maintes fois évoqués dans cet ouvrage. Cette même fracture nuit véritablement au dialogue intergénérationnel, pilier constitutif du processus d'éducation au virtuel. La contemplation d'un paysage maritime ou l'exploration spatiale ne sont désormais plus les seules possibilités offertes pour nous donner l'illusion, l'espace d'un instant, qu'il est possible d'affranchir l'humanité de toutes ses limites. *L'éducation au virtuel* des enfants repose sur un apprentissage fondamental, celui de la *nécessité des limites à poser dans tous les espaces, y compris le cyber.*

Des espaces numériques qui ont, me semble-t-il, *dé-limités* nos enfants, en ôtant à certains toute visibilité des devoirs inhérents à leur statut de *citoyen d'un monde* numérique global. Aussi, parents et éducateurs, je vous laisse méditer à la manière dont vous saurez vous approprier, expliciter et transmettre aux enfants, la précieuse définition du Conseil de l'Europe, celle de l'Éducation à la citoyenneté numérique :

> « La citoyenneté numérique représente une nouvelle dimension de l'éducation, qui vise plus spécifiquement à apprendre aux jeunes à travailler, à vivre et à partager de manière positive dans des environnements numériques. »

Pas de propos moralisateurs ou culpabilisants dans mes derniers mots. **Simplement un message d'espoir et d'encouragement à forger ou à consolider votre dispositif de parentalité numérique.**

Je le double d'un appel à votre « résistance » face à une certaine forme de pression sociétale trop souvent en faveur d'une connectivité juvénile prématurée. Car au-delà de toutes les postures et des quelques astuces techniques que j'ai tenté de vous présenter pour vous épauler dans cette tâche, sachez que vous êtes le *filtre ultime* face aux débordements numériques. Vous incarnez *la meilleure médiation* qui soit, pour tenter de faire que les outils et les univers connectés servent à développer chez vos enfants les meilleures compétences nécessaires à la construction de leur avenir personnel et professionnel. Tout en veillant soigneusement à préserver, le plus longtemps possible, un des biens les plus précieux au monde : le temps de l'enfance.

Vaste défi que celui de *l'éducation au virtuel.*

Spin-off

« L'autre monde » ou l'injonction paradoxale du numérique

Selon Wikipédia – source privilégiée des enfants du numérique – , un *spin-off* (ou série dérivée) est « une œuvre sérielle de fiction centrée sur un ou plusieurs personnages d'une œuvre préexistante, ayant pour cadre le même univers de fiction plus ou moins proche ». En termes plus explicites, on reprend plus ou moins les personnages secondaires d'une série qui a bien marché et on fait durer le plaisir. C'est très exactement ce que je vous propose dans ces derniers moments qui nous rassemblent. Il s'agit, dans cet ultime mouvement, de se focaliser sur la question de l'hyperconnectivité des enfants dans une période où tout pousse les parents et les éducateurs à mettre à la disposition de la jeunesse des dispositifs connectés. D'ailleurs, peut-être que ce développement final aura pour intérêt de les déculpabiliser, de les aider à mieux supporter la pression que certains discours – souvent en contradiction – peuvent exercer sur eux.

Mais quelle est donc cette injonction paradoxale (« double contrainte ou *double-bind* ») et en quoi ces formes de « messages contradictoires » posent-elles problème ? Dans les années 1960, des chercheurs-thérapeutes issus de la célèbre école de Palo Alto (G. Bateson, J. Haley, J. H. Weakland ou encore D. D. Jackson) mettent en évidence le caractère pathogène de ce qu'ils nomment la « double liaison contradictoire » : si vous ne réalisez pas cette action, vous ne pourrez pas survivre, être en sécurité, vous amuser, etc. Mais si vous réalisez cette même action, vous ne pourrez pas survivre, être en sécurité, vous amuser, etc., non plus.

Pour résumer ce concept, quoi de mieux qu'un court extrait d'un des grands classiques de la bande dessinée tel *Astérix en Corse* de Goscinny et Uderzo, avec ce légionnaire romain en grande difficulté face à un Corse menaçant :

– Mais… mais elle ne m'intéresse pas votre sœur. Je voulais simplement…

– Elle ne te plaît pas ma sœur ?

– Mais si, bien sûr, elle me plaît…

– Ah ! Elle te plaît, ma sœur !!! Retenez-moi ou je le tue, lui et ces imbéciles !

Dans tous les cas de figure, action ou inaction, vous êtes fichus !

Alors, en quoi est-ce le cas pour les activités connectées et les enfants ? Avec ou sans, êtes-vous – sont-ils – toujours perdants dans cette bataille permanente de la gestion des outils numériques dans les foyers ? Car, au regard de la question centrale qui porte cet ouvrage, il demeure légitime de se demander si l'on doit laisser ses enfants approcher ces écrans connectés ou plutôt tout mettre en œuvre pour les en éloigner, pour privilégier les fameuses « activités en milieu naturel ». Cette évocation du monde du vivant me permet ici de ne pas employer l'expression « dans le réel », qui s'oppose trop communément au virtuel comme nous l'avons évoqué précédemment. De fait, nous l'avons vu, les moments connectés sont bel et bien « réels » et leur caractère « virtuel » repose selon nous essentiellement sur le fait qu'ils ne proposent pas d'interactions physiques directes avec cet univers du « vivant » (fait de chair et de sang). La relation virtuelle connectée reste par essence « intermédiée », car elle impose la présence d'un dispositif comme intermédiaire entre les deux humains qui la pratiquent.

Dès lors, l'enjeu consiste, d'une part, à éduquer ses enfants dans un monde où la distanciation pourrait devenir une norme sociale planétaire, un monde où « l'altérité tactile », au sens du contact physique avec l'autre, serait une menace et la distanciation physique deviendrait la « moins pire » des solutions. Il s'agit de se protéger soi-même (du corps de l'autre) et de protéger les autres (de son propre corps). Vaste programme, n'est-ce pas ?

D'autre part, chaque parent devenu « éco-responsable » aura tout autant à cœur d'élever ses enfants dans la prise de conscience de la nécessité absolue des contacts physiques avec le monde du vivant. Il faut les aider à privilégier les rapports directs avec Dame Nature et les animaux, à l'heure où notre planète se meurt des effets d'une industrialisation aveugle, polluante, distanciée et déshumanisante. Mais alors, comment faire? Quelle solution retenir pour traiter ce dilemme, « nature *vs* numérique »?

Je propose essentiellement que les adultes expliquent davantage aux enfants le fait que les relations virtuelles ne représentent rien d'autre… qu'un « plan B ». Elles ne doivent rester à leurs yeux rien d'autre qu'une « solution temporaire », dans l'attente d'un contact physique plein et entier.

Certes, il aura fallu un brutal épisode pandémique pour nous faire apprécier planétairement les vertus des « apéro Skype » avec nos collègues de travail (les fameux « coronapéro »). Il est entendu que ces petits moments de convivialité connectés nous auront permis de continuer à trinquer entre amis, à bonne distance physique. Convenons également que le télétravail a le vent en poupe, lui qui soulevait tant de réticences durant bien des années, tant du côté des patrons (perte de visibilité et de contrôle sur le temps de travail réel des salariés) que des employés (isolement, disparition de la communication non verbale). Une question légitime et angoissante se pose d'autant plus vivement : suis-je un parent indigne, moi qui refuse à mon enfant l'accès aux réseaux sociaux, alors même qu'il sera peut-être un « cadre connecté » dans quelques années? Les injonctions paradoxales fusent de toutes parts.

Les médias et le système éducatif relaient depuis bien longtemps – et parfois avec peu de retenue scientifique – les vertus du cartable connecté. Les « pro-tablettes » s'appuient sur des études de santé qui fustigent ces parents inconscients qui prennent leurs enfants aux cartables surchargés de manuels scolaires pour des mulets, et les exposent à une scoliose programmée. La solution ? Une tablette scolaire, légère et polyvalente.

Mais, lorsqu'elle est mal encadrée ou mal sécurisée, elle fait effectivement entrer le loup dans la bergerie, au grand dam de certains parents désabusés, ceux qui tentaient encore de manière militante de résister un tant soit peu à « l'envahisseur digital » au sein de leur sphère familiale. D'autant que la lecture attentive des milliers d'études croisées par Michel Desmurget, docteur en neurosciences, dans sa *Fabrique du crétin digital* n'est pas faite pour les rassurer. L'ouvrage fait peur, très peur même ! Son *leitmotiv* ? Les écrans connectés, utilisés à haute dose sont extrêmement nocifs pour la jeunesse, un véritable désastre pour tout vous dire. Et les chiffres parlent presque à eux seuls, illustrant en fanfare les toutes premières pages :

> « La consommation du numérique sous toutes ses formes – *smartphones*, tablettes, télévision, etc. – par les nouvelles générations est astronomique. Dès 2 ans, les enfants des pays occidentaux cumulent chaque jour presque 3 heures d'écran. Entre 8 et 12 ans, ils passent à près de 4 h 45. Entre 13 et 18 ans, ils frôlent les 6 h 45. En cumuls annuels, ces usages représentent autour de 1 000 heures pour un élève de maternelle (soit davantage que le volume horaire

> d'une année scolaire), 1 700 heures pour un écolier de cours moyen (2 années scolaires) et 2 400 heures pour un lycéen du secondaire (2,5 années scolaires)[1]. »

Il faut dire que M. Desmurget a la plume lourde et n'en est pas à son coup d'essai. Il nous avait déjà tous prévenus par le passé, pour tenter de nous aider à anticiper d'autres catastrophes prévisibles comme la télévision à haute dose[2] ou encore les « régimes *express*[3] ». Je dois vous avouer que je demeure un brin réservé sur les ouvrages qui se revendiquent de « la vérité scientifique ». Qu'est-ce donc que « la » vérité? La mienne se rapprocherait de celle de Socrate, qui prend grand soin à relativiser ses trouvailles scientifiques : « Je ne sais qu'une chose, c'est que je ne sais rien. »

Pour autant, il faut saluer le formidable travail de recueil de cette synthèse quasi exhaustive des principales études scientifiques internationales qui enquêtent sur les effets des écrans connectés et leurs conséquences négatives : obésité, impact négatif sur le développement cardio-vasculaire, espérance de vie réduite, agressivité, dépression, conduites à risques, difficultés d'entrée dans le langage, manque de concentration, mauvaise mémorisation, etc. Le problème avec les inventaires à la Prévert, c'est qu'ils vous donnent le tournis! Au risque d'inhiber certains parents fatalistes qui pourraient se mettre à baisser les bras pour contempler avec

1. Desmurget Michel, *La fabrique du crétin digital : les dangers des écrans pour nos enfants*, éditions du Seuil, Paris, 2019, 432 p.
2. *TV Lobotomie : la vérité scientifique sur les effets de la télévision*, J'ai lu, 2013.
3. *L'anti-régime : maigrir pour de bon*, Belin, 2015.

mélancolie (et inertie) leur progéniture jouer à *Fortnite*, tel un petit crétin au QI amoindri par les écrans…

Attention, ne vous y méprenez pas. Il ne s'agit nullement de dénigrer le rôle des précieux lanceurs d'alertes de l'hyperconnectivité juvénile, c'est l'objet même de cet ouvrage. Mais lorsque la démonstration scientifique semble si parfaite et si indiscutable, le message final retenu par la cible (les parents) pourrait bien se résumer en un seul slogan de prévention : « Il faudrait TOUS les déconnecter d'urgence pour TOUS les sauver. » Or voilà, est-ce envisageable une minute seulement ? (D'autant plus à l'ère de ces épisodes de relations distanciées sanitaires salvatrices ?) Et sans vouloir passer pour un oiseau de mauvais augure, les épisodes pandémiques qui frappent l'humanité ne sont ni les premiers, ni les derniers. Car, depuis l'avènement de la société de l'internet, n'est-il pas acté que le confinement moderne repose sur la connectivité digitale et ses prodiges technologiques ? Je doute en effet que ledit confinement ait offert les mêmes opportunités de mise en relation et de travail à distance entre les humains à l'époque, du Minitel ou même des premiers GSM Nokia 3210…

Lors de mes conférences, je me plais à théâtraliser face aux collégiens ces scènes où ils quémandent en permanence cet accès à « l'autre monde », suppliant leurs parents de les laisser grappiller encore quelques instants connectés, comme si le retour à la vie « ordinaire » représentait un retour à l'ennui : « S'il vous plaît, maman, papa, encore une minute, rien qu'une minute ! Pitié, ne me déconnectez pas, laissez-moi terminer cette partie ! » Certains rient de bon cœur en se reconnaissant aisément dans cette bien pathétique peinture d'eux-mêmes.

Pourtant je persiste à penser que le positionnement marketing planétaire induisant l'existence d'une « autre forme de réalité » est pour partie responsable du phénomène qui conduit nos enfants à mendier du temps connecté. Dans cette équation, les parents et éducateurs deviennent, *de facto*, les méchants (ringards) de l'histoire. Je propose donc avant tout que nous agissions dans nos foyers pour redonner du sens et de la force au concept de « simulateur ». Il m'apparaît urgent qu'il soit associé plus communément et plus directement à cette « sphère du virtuel et du numérique ». Je m'autorise à penser que la réalité virtuelle n'est pas une expression qu'il convient d'employer de manière anodine auprès des enfants. Selon moi, ce délicat oxymore a chez les plus jeunes sujets pour effet implicite – et pervers – de brouiller les pistes chez une jeunesse en quête de repères identitaires. Il a pour effet immédiat de les placer dans un monde prétendument bicéphale et de participer à la construction d'une concurrence opposant résolument une « réalité fade et banale » à un virtuel naturellement « magique et spectaculaire ». Peut-être alors que le casque de réalité virtuelle se devrait-il d'être diffusé sous l'appellation de « casque de simulation numérique » ou de « simulateur de réalité » ? *Simuler* la réalité est une chose bien différente que de *proposer une autre forme* de réalité. Il relève de la responsabilité des adultes de faire en sorte que les dispositifs numériques connectés demeurent à leur place aux yeux des plus jeunes. Ils ne représentent pas un « autre monde ». Ils ne sont que des outils au service du vivant.

« Allô, docteur ? » Le coin des questions des parents

En guise de *bonus track*, je me propose de vous retranscrire trois des questions le plus souvent posées par les parents et éducateurs – que je remercie encore à cette occasion – présents lors de mes conférences publiques. Le temps d'échange avec le public est un exercice délicat et souvent redouté par les conférenciers, surtout lorsque la problématique entre en résonance avec des conflits du quotidien dans les foyers. Certains parents rencontrés témoignent de situations critiques (scène de violence physique de la part de leurs enfants, isolement et dépression en cas de rupture avec les outils confisqués, etc.). Ces drames familiaux relèvent souvent bien plus d'une aide extérieure suivie que de celle d'un intervenant d'un soir. Il ne s'agit donc pas de présenter des « recettes magiques » – souvent attendues par les participants qui ont fait l'effort de se déplacer, parfois à une heure tardive – et encore moins de porter des jugements éducatifs ou moraux sur les choix opérés par les parents. Ces réponses, souvent brèves, tentent de distiller – tout au mieux – quelques pistes de travail et des conseils. Ces préconisations reposent essentiellement sur une incitation à poursuivre la réflexion sur cette question cruciale et personnelle de l'éducation à la gestion des outils numériques connectés dans les foyers.

Question :

« Ma fille est en quatrième et elle prend le bus pour rentrer à la maison. Du coup, je n'ai pas eu le choix. Il a bien fallu lui acheter un téléphone portable. C'est une question de sécurité, vous comprenez ? »

Réponse :

Nous vivons dans un monde qui nous est présenté comme le plus insécurisant que l'homme ait jamais connu. Peut-être est-il temps de travailler auprès de nos enfants – et des adultes que nous sommes – à relativiser ce climat anxiogène relayé tant par la sphère politique que par les médias ? Si vous parcourez l'histoire de l'humanité, vous conviendrez aisément que nos enfants n'ont jamais autant vécu en sécurité depuis des siècles. Et si la délinquance et les crimes sont loin d'être éradiqués à ce jour, que dire de ces périodes où voleurs et barbares vous trucidaient « pour un oui ou pour un non » ? À une époque déjà plus proche, vous et moi n'avions pas de téléphone portable pour partir au collège. Et si certains d'entre nous rataient très certainement le coche, jamais je n'ai retrouvé de copains « desséchés dans un abri bus » au petit matin ! J'en ai déduit scientifiquement qu'ils avaient tous trouvé un « plan B », malgré l'absence de connectivité permanente avec leurs parents, qui n'était pas techniquement possible. À votre décharge, BFMTV ne présentait pas ces images du dernier pédophile qui vient de sévir dans votre région en boucle, reléguant tous les adultes du genre masculin, auxquels votre enfant pourrait potentiellement s'adresser pour demander de l'aide, à l'état de pervers potentiels susceptibles de l'entraîner à l'arrière d'une fourgonnette…

Peut-être est-il grand temps de travailler collectivement à rendre notre monde moins anxiogène ? Cela éviterait certainement à un bon nombre de parents angoissés de se ruer vers ces outils de surveillance à distance permanents pour se rassurer. Plus concrètement, *quid* d'une offre technologique permettant de joindre ses parents en cas de problème, sans forcément adjoindre au dispositif un appareil photo, un caméscope, une console de jeux, des chaînes de télévision sur le même appareil, ce satané *smartphone* multitâche ? Avec un zeste de nostalgie, je regrette un peu la génération des inoffensifs « *pagers* » (les « Tam-Tam », « Kobby » ou « Tatoo », pour ceux qui les ont connus), qui permettaient juste d'émettre un message, et rien de plus… Sans sombrer dans le passéisme, peut-être faudrait-il penser à commercialiser des dispositifs aux fonctionnalités multimédias plus réduites pour les plus jeunes ?

Question :

« Nous n'avons pas cédé. Il n'a pas accès aux réseaux sociaux. Nous avons peur qu'il soit stigmatisé, rejeté par ses camarades de collège. Risque-t-il d'être désocialisé ? »

Réponse :

Lors de mes interventions pédagogiques dispensées auprès des collégiens, je m'efforce « d'inverser la vapeur ». Je leur montre, en détruisant leurs illusions concernant l'invulnérabilité de leur sacro-saint mot de passe censé protéger l'intimité de leurs réseaux, que ces mêmes réseaux peuvent aussi devenir leur pire ennemi. Je constate alors que ceux qui se sentaient « marginalisés » en début de séance (ces – trop – rares enfants qui n'ont pas levé la main lorsque je demande de citer les réseaux sur lesquels ils sont présents), se sentent brutalement « soulagés ». Leurs réactions de soulagement perceptibles du pupitre (que ce soit des sourires ou des soupirs satisfaits) me laissent penser qu'ils sont finalement ravis de ne pas appartenir à cette dernière catégorie, celle de « ceux qui se sont mis en danger tout seuls en postant des contenus intimes ou tendancieux ». Si la pression est trop grande au sein de votre foyer, il est possible de recourir à des solutions alternatives par un accès bien encadré à certains jeux vidéo communautaires. Ils permettent à l'enfant de disposer d'une forme de « communauté interactive en ligne » via ces plates-formes qui disposent de leurs propres forums et canaux. On peut citer le classique *Minecraft* (auquel on joue encore beaucoup malgré son âge) ou le plus récent *Albion* par exemple. Certes, cela les plonge dans l'univers de la connectivité collective en ligne et ce n'est pas nécessairement souhaitable avant la classe de quatrième. Il est entendu également que ces canaux pourraient les conduire à faire de mauvaises rencontres, si vous ne trouvez pas le temps de les surveiller en vous intéressant à votre tour à cette activité. Oui, il vous faudra vous aussi participer à quelques parties, ne serait-ce que pour témoigner de votre présence et de votre adhésion. Ce « *deal* éducatif » (*Minecraft* – ou autre – contre SnapChat), vous permettra surtout de gagner un temps précieux (celui du collège), en les préservant le plus longtemps possible de dérapages souvent plus nombreux et plus graves. Je vous incite évidemment à éviter les jeux de tir à la première personne (ceux qui n'ont d'autres buts que le tir à vue sur des humains, tel *Fortnite*). N'est-il pas préférable de les voir discuter de leurs dernières solutions ou techniques de jeu en ligne, plutôt que de leur fournir les moyens de poster des photos compromettantes sur le Net ? Entre « la peste et le choléra », malheureusement, il faut parfois choisir.

Question :

« Quelle est la durée moyenne quotidienne conseillée pour ces activités connectées ? »

Réponse :

C'est certainement la question la plus complexe à traiter en peu de mots. Nous avons montré que l'âge était un facteur clé. Je suis de ceux qui pensent que les éventuels apports des écrans connectés chez les tout-petits ne contrebalancent pas l'importance des inévitables dommages collatéraux induits par un contact prématuré avec ces dispositifs. En 2016, j'ai eu le plaisir de participer à un travail collectif, mené sous l'égide de la Fondation pour l'Enfance, intitulé *La vie numérique des tout-petits*[1]. Il réunissait de nombreux spécialistes de la question (Olivier Houdé, Serge Tisseron, etc.) et les premières mises en garde concernant les usages excessifs des supports numériques et leurs effets délétères sur les 0-5 ans dénonçaient déjà une augmentation du risque de troubles de l'attention, de la régulation émotionnelle, des troubles du sommeil voire du langage. À l'adolescence, période propice à l'oisiveté et au désœuvrement, les activités numériques connectées ont cette capacité de s'immiscer dans tous les espaces « libres » que vous leur laisserez de disponibles. Ainsi, la question se pose plutôt en matière de capacité des parents à gérer ces « zones de temps libre » chez les jeunes, source d'ennui potentiel. La contrepartie est éprouvante : c'est chronophage en matière d'investissement personnel et souvent très coûteux, car les contre-mesures nécessaires pour stopper l'envahisseur numérique vont requérir, comme dans toutes les guerres, des moyens humains et de la logistique financière ! Il faudra souvent mettre en face des activités qui « pèsent lourd » en temps ou en euros, de manière à devenir concurrentiel avec ces activités connectées. Vous avez déjà tous mesuré l'inefficacité du fait de dire « arrête ton jeu vidéo et va lire », probablement. Le plus consternant, c'est que cela met l'accent sur une des plus grandes forces des dispositifs numériques connectés : ce sont les « nounous » les moins chères de l'heure !

1. https://www.fondation-enfance.org/pour-lenfance-2/nos-missions/reperes-dans-le-monde-numerique/vie-numerique-tout-petits/

Le générique de fin

Assoun Paul-Laurent, « L'amour virtuel et son envers inconscient », *Dialogue*, 2009/4 (n° 186), p. 37-48.

Blocquaux Stéphane, « L'enfant au risque des pratiques numériques : vers une éducation au virtuel », in *La nouvelle revue de l'adaptation et de la scolarisation*, 2017/2 (n° 78), p. 147-158.

Blocquaux, Stéphane. « Et si les "naïfs numériques" n'étaient pas ceux que l'on croit ? », in Patrick Cottin éd., *Accompagner les adolescents. Nouvelles pratiques, nouveaux défis pour les professionnels*, Toulouse, ÉRÈS, « L'école des parents », 2018, p. 57-66.

Blocquaux Stéphane, Hétier Renaud. « Dépendance aux réseaux numériques et éducation », in *Science, technique et société : de quoi sommes-nous responsables ?*, coordonné par Philippe Mustière et Michel Fabre, Nantes, Éditions Coiffard, 2011, p. 338-348.

Breton Philippe, *Le culte de l'Internet. Une menace pour le lien social ?*, La Découverte, Paris, « Sur le vif », 2000.

Buchanan CM, Eccles JS, Becker J.-B. « Are adolescents the victims of raging hormones : evidence for activational effects of hormones on moods and behavior at adolescence », *Psychol Bull*, 1992, p. 62-107.

Buckingham David, *La mort de l'enfance, Grandir à l'âge des médias*, Armand Colin, Paris, 2010.

Flichy Patrice, « Industries culturelles », in Sfez Lucien (dir), *Le dictionnaire de la communication*, PUF, Paris, 1993, tome II, p. 976-980.

Gentaz Édouard, Denervaud Solange, Vannetzel Léonard, *La vie secrète des enfants,* Éditions Odile Jacob, Paris, 2016.

Léon Julien, « Du corps virtuel des jeux vidéo au corps de la réalité chez l'adolescent », *Psychothérapies*, 2015/2 (vol. 35), p. 99-106.

Lévy Pierre, *L'intelligence collective : pour une anthropologie du cyberespace*, La Découverte, Paris, 1997.

Marteaux Alain, « Soi est un autre : construction et déconstruction identitaires à l'adolescence. L'apport des thérapies narratives », in *Cahiers critiques de thérapie familiale et de pratiques de réseaux,* 2008/1 (n° 40), p. 183-198.

Pontes HM, Kuss DJ, Griffiths MD, "Clinical psychology of Internet addiction : a review of its conceptualization, prevalence, neuronal processes, and implications for treatment". *Neuroscience & Neuroeconomics*, 2015, p. 11-23.

Sadin Éric, *La silicolonisation du monde : l'irrésistible expansion du libéralisme numérique*, Éditions l'Échappée, Collection « Pour En Finir Avec », Paris, 2016.

Serres Michel, *Petite Poucette,* Édition Le Pommier, Paris, 2012.

Stiegler Bernard, *Qu'appelle-t-on Panser?* Tome I, *L'immense régression*, Les liens qui libèrent, Paris, 2018.

Tisseron Serge, *3-6-9-12. Apprivoiser les écrans et grandir,*ÉRÈS, « 1001 et + », Toulouse, 2013.

Vial Stéphane, « La fin des frontières entre réel et virtuel : vers le monisme numérique », *Frontières numériques et artefacts*, p. 135-146, 2016.

Wolton Dominique, *La folle du logis. La télévision dans les sociétés démocratiques* (avec Jean-Louis Missika), Gallimard, Paris, 1983.

Table

Vous avez aimé ce livre ?

Conseillez-le sur les réseaux sociaux,
à votre libraire, à vos amis, notez-le
et commentez-le sur internet.

Et rejoignez-nous pour découvrir
nos nouveautés et nos conférences en ligne
sur Facebook, Twitter, Instagram
ainsi que sur : **editionsartege.fr**

Ou renvoyez-nous, sur papier libre, la demande ci-dessous à :
Éditions Artège, 9 Espace Méditerranée, F-66000 Perpignan

Nom : .... Prénom : ....
Adresse : ....
Code Postal : .... Ville : ....
Courriel : ....

☐ Je souhaite être informé des publications des éditions Artège.

IMPRIM'VERT®

Achevé d'imprimer par CPI,
en décembre 2020
N° d'imprimeur : 161837

Dépôt légal : janvier 2021

Imprimé en France